글 서지은 | 그림 임혜영 | 감수 박은서

주니어김영사

이 책의 구성과 특징

간식단도 홀딱 반한 과학 입문서

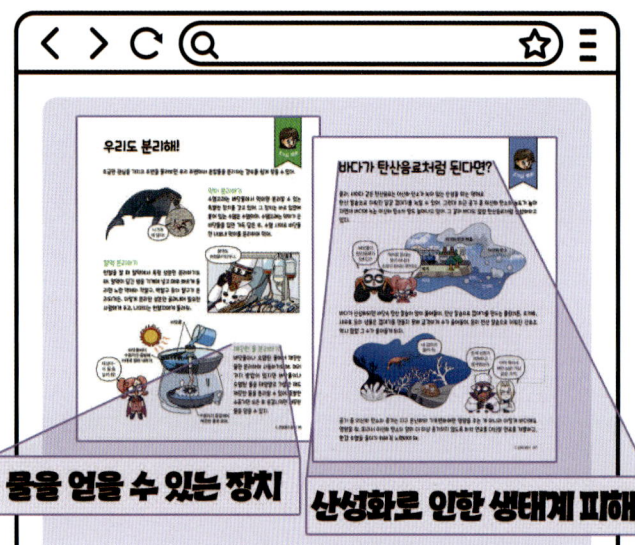

〈 2022 교육과정에서 추가된 내용 〉

최신 과학 교과서를 충실히 반영했어요!

지금 친구들이 학교에서 쓰는 과학 교과서와 앞으로 나올 개정 교과서의 내용을 바탕으로 만들었어요. 최신 교과서의 새로운 내용을 빠뜨리지 않았어요.

분야별 한 권, 30꼭지이면 초등 과학 완전 정복!

생명과학, 지구과학, 화학, 물리학 분야별로 단 한 권, 각 30꼭지로 구성했어요. 한 권씩 순서대로 읽어도 되고, 알고 싶은 분야의 궁금한 주제부터 골라 읽어도 돼요.

각 단원마다 등장하는 몬스터와 함께 공부하자!

각 단원마다 간식단을 기다리고 있는 과학 몬스터! 꼭지마다 흥미로운 몬스터 이야기도 있고, 풍성한 삽화로 과학 공부를 쉽고 재미있게 할 수 있어요.

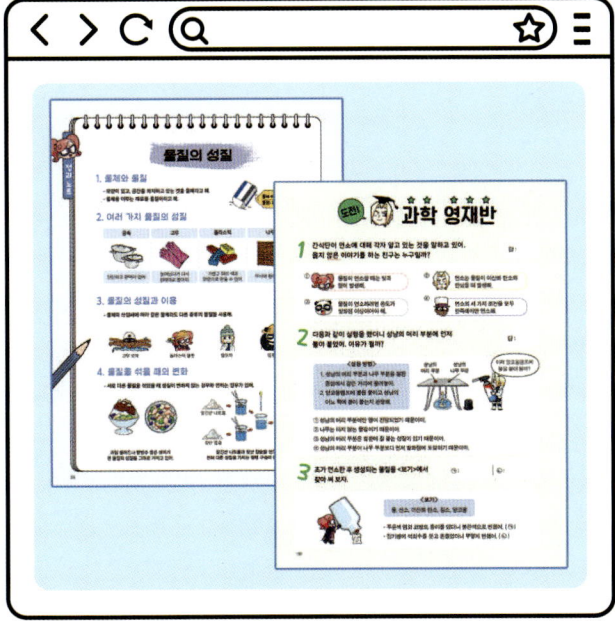

부모님도 선생님도 맘에 쏙 든 알찬 구성!

〈한 꼭지 퀴즈〉로 꼭지 내용을 점검하고, 〈정리 노트〉로 배운 내용을 정리해요. 〈호기심 백과〉에서는 흥미로운 과학 이야기를 더 읽어 볼 수 있어요. 〈도전! 과학 영재반〉으로 나의 과학 실력을 뽐내 보고, 〈펀펀 게임〉에서 재미있는 퀴즈를 풀며 학습을 마무리해요!

차례

1 물질의 성질

01 물체와 물질
강에서 만난 몬스터 ······ 16

02 물질의 성질과 이용
몬스터가 진화했어! ······ 20

03 물질을 섞을 때의 변화
마테리몬이 쓰러지다 ······ 24

정리 노트 ······ 28   호기심 백과 ······ 29
도전! 과학 영재반 ······ 30   펀펀 게임 ······ 32

2 물질의 상태

04 물질의 세 가지 상태
찾았다, 몬스터의 서식지! ······ 34

05 기체의 성질
거대해진 스엘그몬 ······ 38

06 기체의 무게
기체 스엘그몬의 비밀 ······ 42

07 물질의 분류
스엘그몬의 동굴 ······ 46

정리 노트 ······ 50   호기심 백과 ······ 51
도전! 과학 영재반 ······ 52   펀펀 게임 ······ 54

3 물의 상태 변화

08 물의 세 가지 상태
여기는 내 놀이터야 ········· 56

09 물의 증발과 끓음
맵다, 매워! ········· 60

10 수증기의 응결
아깝지만 아깝지 않은 식혜 ········· 64

11 물의 상태 변화 이용하기
쿠아몬, 출동이다! ········· 68

정리 노트 ········· 72   호기심 백과 ········· 73
도전! 과학 영재반 ········· 74   펀펀 게임 ········· 76

4 혼합물의 분리

12 우리 주변의 혼합물
도사님의 정체 ········· 78

13 체를 이용한 분리
코잉몬의 집착 ········· 82

14 자석을 이용한 분리
동전이 아니면 관심 없어 ········· 86

15 거름과 증발을 이용한 분리
코잉몬, 이제 그만! ········· 90

정리 노트 ········· 94   호기심 백과 ········· 95
도전! 과학 영재반 ········· 96   펀펀 게임 ········· 98

차례

5 용해와 용액

16 용해
사라진 몬스터 ················· 100

17 물의 온도와 용해
슈가몬을 구하는 방법은? ················· 104

18 용질의 종류와 용매의 양
납치된 슈가몬 ················· 108

19 용액의 진하기
슈가몬의 자유를 위해 ················· 112

정리 노트 ······ 116   호기심 백과 ······ 117
도전! 과학 영재반 ······ 118   펀펀 게임 ······ 120

6 여러 가지 기체

20 산소의 성질과 이용
촛불을 켜면 나타나는 몬스터 ················· 122

21 이산화 탄소의 성질과 이용
내가 기체를 모아 줄게 ················· 126

22 압력에 따른 기체의 부피 변화
화가 난 깨비몬 ················· 130

23 온도에 따른 기체의 부피 변화
깨비몬의 성장 ················· 134

정리 노트 ······ 138   호기심 백과 ······ 139
도전! 과학 영재반 ······ 140   펀펀 게임 ······ 142

7 산과 염기

24 용액의 분류
간식단에게도 연구실이 생기다 ······ 144

25 용액의 성질
전문가의 정체는? ······ 148

26 생활 속 산과 염기
이걸 어디에 이용하지? ······ 152

정리 노트 ······ 156 호기심 백과 ······ 157
도전! 과학 영재반 ······ 158 펀펀 게임 ······ 160

8 연소와 소화

27 연소
그날 밤 불의 정체는? ······ 162

28 연소의 조건
타지 않는 종이 ······ 166

29 소화
바퀴벌레 잡으려다 초가삼간 다 태운다 ······ 170

30 연소 생성물
불타고 남은 자리에 ······ 174

정리 노트 ······ 178 호기심 백과 ······ 179
도전! 과학 영재반 ······ 180 펀펀 게임 ······ 182

등장인물 소개

간식단
세상의 모든 간식을 먹고 싶어 하는, 밉지 않은 악당들이야. 지니어스 연구소 박사님들의 부탁으로 지구 곳곳에 퍼진 과학 몬스터들을 찾아 나서게 되었어!

마테리몬
몸이 나무로 된 몬스터로 탱탱 구슬로 공격을 할 수 있어.

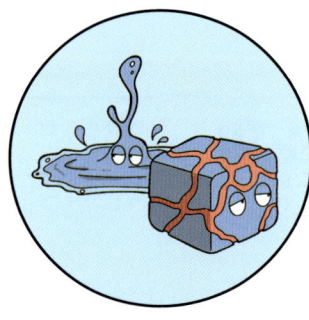

스엘그몬
몸을 고체, 액체, 기체로 바꿀 수 있는 몬스터로 쿠앤크를 좋아해.

코잉몬
돈을 밝히는 몬스터로 정체를 숨긴 채 혼합물 감별사로 활동하고 있어.

쿠아몬
귀엽게 생겼지만 심술궂은 몬스터야. 물, 얼음, 수증기 공격을 할 수 있어.

깨비몬
불을 켜면 나타나는 몬스터로 스파이시 클럽에게 붙들려 고생해.

슈가몬
친화력이 좋아 금방 친해질 수 있어. 물에 잘 녹아 조심스럽게 다뤄야 해.

칼리몬
자신의 정체를 숨긴 채 용액 전문가로 활동하는 몬스터야.

활활몬
불 전문가로 연료를 만들고, 원할 때 연소와 소화를 할 수 있어.

민트 로즈 라벤더

스파이시 클럽
간식단을 방해하는 더 악랄한 악당 삼인방.
간식단이 찾는 몬스터들을 가로채기 위해
호시탐탐 기회를 노리고 있어.

흥미진진한 과학 탐험의 세계로!

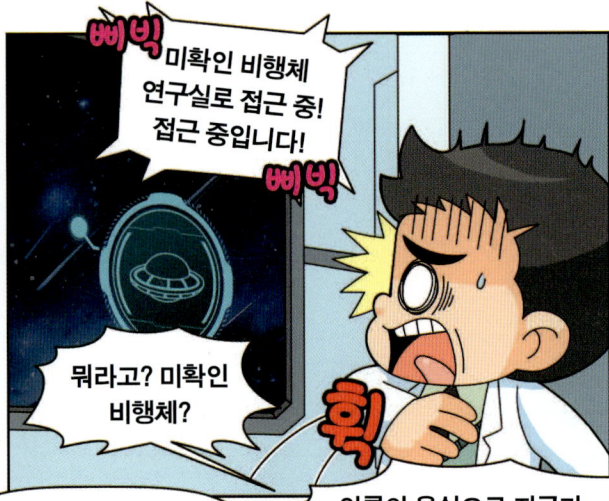

간식단은 지니어스 연구소 박사님들의 의뢰를 받아 지구 곳곳에 파견된 몬스터를 찾아 나섰어. 스파이시 클럽의 방해를 피해 귀엽고 개성 넘치는 몬스터들을 만나러 함께 떠나 보자!

 **간식단 아이템**

♠ INVENTORY ♠

"스트로베리, 준비됐나? 우엉!"

"준비 완료! 몬스터를 찾으러 가 볼까?"

몬스터 탐지기
★★★
근처에 몬스터가 나타나면 울려서 몬스터의 존재를 알려 주는 기계.

몬스터 판독기 겸 번역기
★★★★★
몬스터에게 갖다 대면 이름, 특징, 상태를 알려 주고 몬스터의 말을 번역해 주는 기계.

몬스터 도감
★★★★
몬스터의 이름, 특징, 좋아하는 것, 진화하려면 무엇이 필요한지 쓰여 있는 책.

1. 물질의 성질

01 물체와 물질
강에서 만난 몬스터

물체를 만드는 물질

 ## 물체란 무엇일까?

모양이 있고 공간을 차지하는 것을 **물체**라고 해. 우리 주변에는 많은 물체들이 있어. 책상, 의자, 책꽂이, 공책, 지우개, 필통 등은 모두 물체야.

 ## 물체는 무엇으로 만들까?

물체는 그 물체의 쓰임에 알맞은 재료로 만들어. 책상은 나무, 지우개는 고무로 만들지. 이처럼 종이, 금속, 나무, 유리, 섬유, 가죽, 고무와 같이 물체를 만드는 재료를 **물질**이라고 해.

종이   금속   나무

유리   섬유   가죽

여러 가지 물질의 성질

물질은 종류에 따라 색깔, 냄새, 맛, 매끄러운 정도, 단단한 정도, 휘어지는 정도, 물에 뜨는 정도 등의 성질이 달라.

금속

금속은 나무나 플라스틱에 비해 무척 단단하고, 표면이 매끄러우며 광택이 있어.

유리

유리는 투명하고 표면이 매끄러워. 다른 물체와 부딪치면 잘 깨지기 때문에 조심해야 해.

고무

고무는 힘을 주면 모양이 변했다가 힘을 주지 않으면 다시 원래의 모양으로 돌아와. 또 잘 미끄러지지 않으며 물에 젖지 않아.

종이

종이는 쉽게 접거나 구길 수 있고 자르기도 쉬워. 또 잘 찢어지며 물에 잘 젖어.

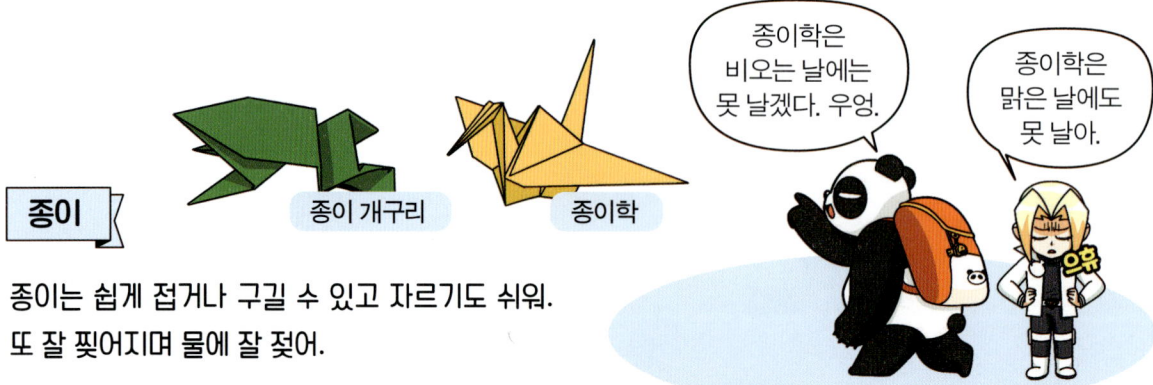

나무

나무는 고유의 향과 무늬가 있고, 물에 뜨며 금속보다 가벼워. 또 전기와 열이 잘 전달되지 않아.

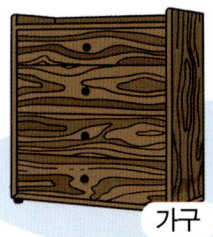
가구

식기

플라스틱

플라스틱은 가벼우면서도 단단해. 또 다양한 색깔과 모양의 물체를 쉽게 만들 수 있어서 우리 생활에 널리 이용해.

플라스틱 용기

장난감 블록

섬유

섬유는 가볍고 부드러워. 자연에서 얻는 섬유와 인공적으로 만든 섬유가 있어.

사랑하는 우리 토토. 누나랑 놀러 가자.
인형
가방

가죽

가죽은 부드러우면서도 질겨서 잘 찢어지지 않아. 천연 가죽은 열에 강하고 통기성이 좋아.

야구 장갑
가방
물주머니

한 꼭지 퀴즈 O-X

간식단이 발견한 몬스터는 몸이 나무로 되어 있어서 물에 뜰 수 있어. 이 몬스터는 또 어떤 특징이 있을까?

① 몸이 투명할 거야.
② 몸이 부드럽고 가벼울 거야.
③ 몸에 무늬가 있고, 향이 날 거야.
④ 몸에 힘을 주면 몸이 잘 늘어날 거야.

기본
마테리몬
몸이 나무로 되어 있어 물에 떠서 이동할 수 있다.

02 물질의 성질과 이용
몬스터가 진화했어!

물체의 기능과 물질의 성질

 ## 한 가지 물질로 만든 물체

물체를 만들 때는 물체의 기능에 알맞은 성질을 가진 물질을 선택해. 자물쇠는 단단한 금속으로 만들고, 바구니는 가벼운 플라스틱으로 만들지.

 ## 두 가지 이상의 물질로 만든 물체

우리 주변을 둘러보면 한 가지 물질로 만든 물체보다 두 가지 이상의 물질로 만든 물체가 더 많아. 물체를 이루는 각 부분마다 쓰임새가 다르기 때문에 그에 맞는 성질을 가진 물질을 이용해 물체를 만들면 더욱 사용하기 편리하거든.

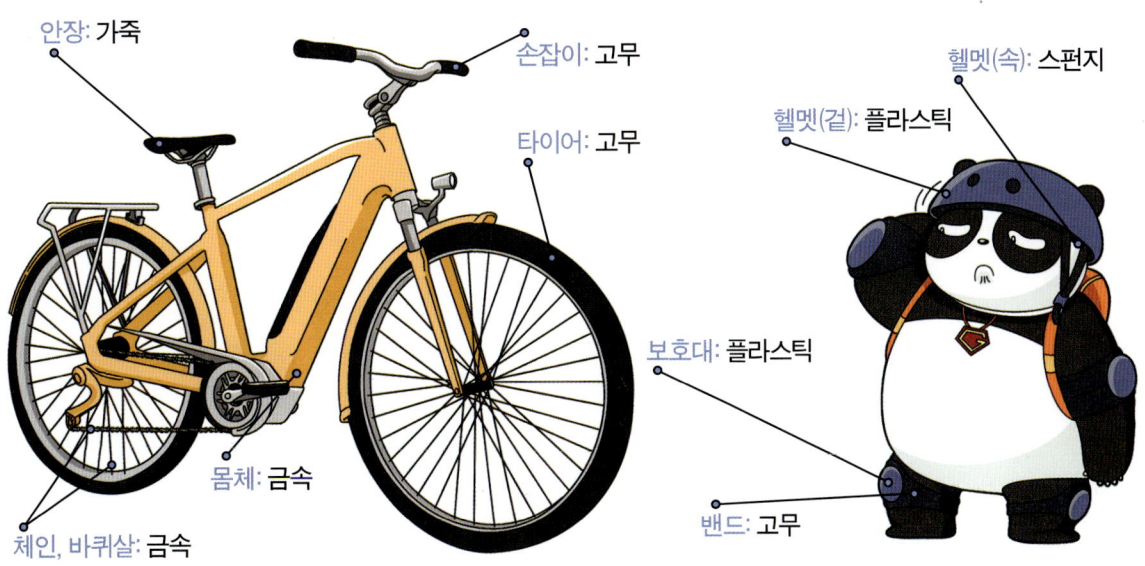

1. 물질의 성질 21

여러 가지 물질로 만든 물체

쓰임새가 같은 물체라도 기능에 따라 여러 가지 물질로 다양하게 만들 수 있어. 이렇게 같은 종류의 물체를 여러 가지 물질로 만들면 사용하는 상황에 알맞게 골라서 사용할 수 있지.

> 서로 다른 물질로 만든 모자

더운 여름에는 밀짚모자, 추운 겨울에는 털모자를 써. 또 자전거를 탈 때에는 플라스틱 헬멧으로 머리를 보호하고, 수영을 할 때에는 고무 모자를 써서 물에 머리카락이 빠지지 않게 하지. 이렇듯 우리는 상황에 적합한 물질로 된 물체를 사용해.

> 서로 다른 물질로 만든 의자

서로 다른 물질로 만든 그릇

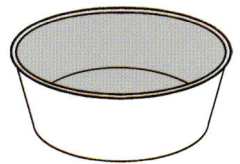
종이 그릇
가벼워서 휴대용으로 사용할 수 있어.

플라스틱 그릇
가볍고, 모양과 색깔이 다양해.

나무 그릇
향과 무늬가 있어 아름다워.

유리 그릇
투명해서 안을 확인하기 쉬워.

금속 그릇
잘 깨지지 않고 단단해.

도자기 그릇
음식을 오랫동안 따뜻하게 유지할 수 있어.

급식판은 주로 플라스틱이나 금속으로 만들어.

이 정도는 돼야 급식판이지!

 한 꼭지 퀴즈   O_X

마테리몬이 진화를 해서 금속으로 된 갑옷을 입게 되었어.
이 갑옷의 특징으로 옳지 <u>않은</u> 것은 무엇일까?

① 표면이 매끄러워.
② 반짝이는 광택이 있어.
③ 단단하고 잘 깨지지 않아.
④ 따뜻하고 땀을 잘 흡수할 수 있어.

1진화
마테리몬
금속 갑옷으로 몸을 보호할 수 있다.

1. 물질의 성질

03 물질을 섞을 때의 변화
마테리몬이 쓰러지다

섞어도 성질이 변하지 않는 경우

과일 샐러드나 빙수는 여러 가지 물질을 섞어서 만들어. 섞은 후에도 섞기 전 물질의 성질을 그대로 가지고 있지. 그래서 섞여 있는 물질을 분리하면 성질이 변하지 않은 원래의 물질을 얻을 수 있어.

섞으면 성질이 변하는 경우

서로 다른 두 가지 물질을 섞으면 물질이 원래의 성질을 잃고 성질이 변하기도 해.

설탕 과자를 만들 때 물질의 성질 변화

이런 경우 물질의 성질이 변했기 때문에 섞기 전 원래의 물질로 다시 분리하기 어려워.

치즈를 만들 때 물질의 성질 변화

서로 다른 물질을 섞었을 때 성질이 변하는 것을 이용해 새로운 물질을 만들 수도 있어. 미역이나 다시마에서 뽑아낸 알긴산 나트륨과 식품 첨가제와 약으로 이용되는 젖산 칼슘을 물과 함께 섞어 봐. 원래의 두 물질과는 전혀 다른 새로운 물질인 탱탱 구슬이 만들어져.

알긴산 나트륨
흰색의 가루로 만졌을 때 부드러워.

물에 녹여. 우어엉.

젖산 칼슘
흰색의 가루로 만졌을 때 까끌까끌해.

얘도 물에 녹여.

알긴산 나트륨 녹인 물

젖산 칼슘 녹인 물

탱탱 구슬
투명하고 말랑말랑해.

몬스터가 뭘 뱉어 낸 거지?

이거 탱글탱글해!

▶ 탱탱 구슬을 만들 때 물질의 성질 변화

 한 꼭지 퀴즈　　　　　　　　　　　　　　　　　　　　　O_X

마테리몬이 두 가지 약을 먹고 탱탱 구슬을 뱉어 냈어.
두 가지 약은 어떤 물질이었을까?

① 소금
② 알긴산 나트륨
③ 젖산 칼슘
④ 밀가루

2진화
마테리몬

탱탱 구슬을 쏘아 적을 공격할 수 있다.

물질의 성질

1. 물체와 물질

- 모양이 있고, 공간을 차지하고 있는 것을 물체라고 해.
- 물체를 이루는 재료를 물질이라고 해.

2. 여러 가지 물질의 성질

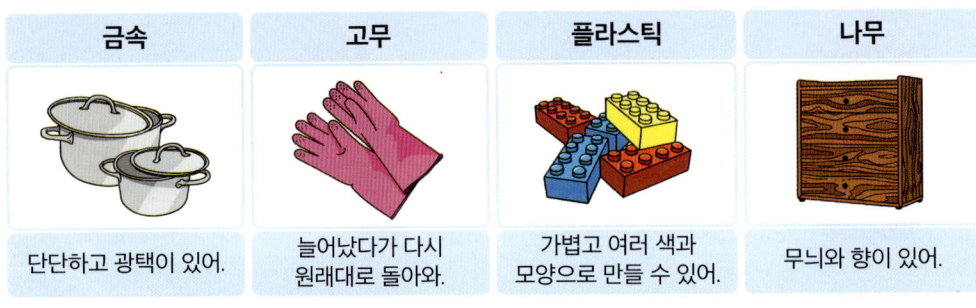

금속	고무	플라스틱	나무
단단하고 광택이 있어.	늘어났다가 다시 원래대로 돌아와.	가볍고 여러 색과 모양으로 만들 수 있어.	무늬와 향이 있어.

3. 물질의 성질과 이용

- 물체의 쓰임새에 따라 같은 물체라도 다른 종류의 물질을 사용해.

고무 모자   플라스틱 헬멧   털모자   밀짚모자

4. 물질을 섞을 때의 변화

- 서로 다른 물질을 섞었을 때 성질이 변하지 않는 경우와 변하는 경우가 있어.

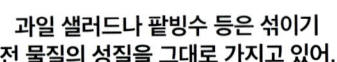

과일 샐러드나 팥빙수 등은 섞이기 전 물질의 성질을 그대로 가지고 있어.

알긴산 나트륨과 젖산 칼슘을 섞으면 전혀 다른 성질을 가지는 탱탱 구슬이 만들어져.

영화 속 상상을 현실로

스파이더맨, 배트맨 등의 영웅들이 등장하는 영화에서는 최첨단의 강력하고 튼튼한 무기를 볼 수 있어. 만약 이 무기들을 실제로 만든다면 어떤 물질로 만들 수 있을까?

총알도 뚫지 못하는 물질

방탄복, 소방복 등 각종 보호 장비에 사용되는 아라미드 섬유는 같은 무게의 철보다 5배 단단하고 500 ℃ 이상의 고온도 견딜 정도로 열에 강해. 또 아무리 힘을 가해도 늘어나지 않는 뛰어난 성능을 가졌지. 이 정도라면 영웅들의 수트로 적당하겠지? 아라미드 섬유는 앞으로 통신 장비를 비롯해 자동차 부품에까지 널리 사용될 예정이야.

손상된 부분이 다시 복구되는 물질

외부의 도움 없이 스스로 상처를 복원하는 영웅들의 모습을 본 적 있을 거야. 만약 우리가 사용하는 물건도 이렇게 스스로 복구를 한다면 정말 편하겠지? 과학자들은 스스로 균열을 치유하는 자가 치유 콘크리트를 개발했어. 건축물이 오래 되어도 유지 보수 비용을 줄일 수 있어 매우 유용하지. 앞으로 자가 치유 물질은 우주용품, 건축물, 자동차, 전자 제품 등 다양한 분야로 확대될 예정이야.

도전! 과학 영재반

1 초코와 쿠앤크 중 옳지 않은 이야기를 하는 친구를 찾아 바르게 고쳐 줘.

답:　　　　　　고친 내용:

㉠ 초코　　　　　　　　　㉡ 쿠앤크

2 바닐라가 어질러진 방을 정리하고 있어. 같은 물질로 만들어진 물체를 각각의 바구니에 넣어 줘.

3 간식단이 신데렐라의 유리 구두에 대해 이야기하고 있어. 다음 중 옳지 <u>않은</u> 내용을 말한 친구는 누구일까?

답 :

4 잘 깨지지 않는 어항의 재료로 가장 적당한 물질을 고른 친구는 누구일까?

답 :

5 간식단이 여러 가지 물질을 섞어 보고 있어. 이 중 섞었을 때 물질의 성질이 변하는 경우를 골라 줘.

답 :

① 쿠앤크가 콩국수에 소금과 설탕을 넣었어.

② 스트로베리가 재료들을 섞어 팥빙수를 만들었어.

③ 초코가 알긴산 나트륨 녹인 물을 젖산 칼슘 녹인 물과 섞었어.

④ 바닐라가 아이스티 가루를 물에 녹였어.

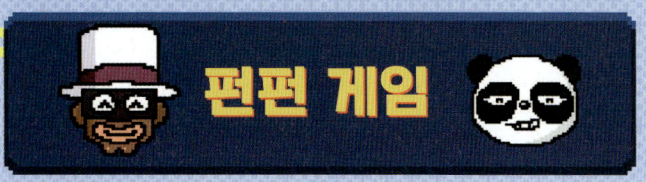

펑펑 게임

초코가 플라스틱 바구니를 찾기 위해 창고 보관 물품 목록을 보고 있어.
목록에서 초코가 찾는 물품의 분류 코드는 무엇일까?

"물질의 종류, 성질, 크기와 모양, 색깔을 알 수 있게 분류 코드를 만들었지!"

창고 보관 물품 목록
작성자 스트로베리

- 분류 코드 A2ㅎ — 문
- 분류 코드 b1ㅍ — 작은 고무 공
- 분류 코드 c1ㄱ — 금반지
- 분류 코드 d2ㄴ — 플라스틱 카드
- 분류 코드 B2ㅃ — 큰 고무판
- 분류 코드 a2ㅈ — 작은 나무 상자
- 분류 코드 C2o — 대용량 구이용 철판
- 분류 코드 ???? — 커다란 플라스틱 바구니

2. 물질의 상태

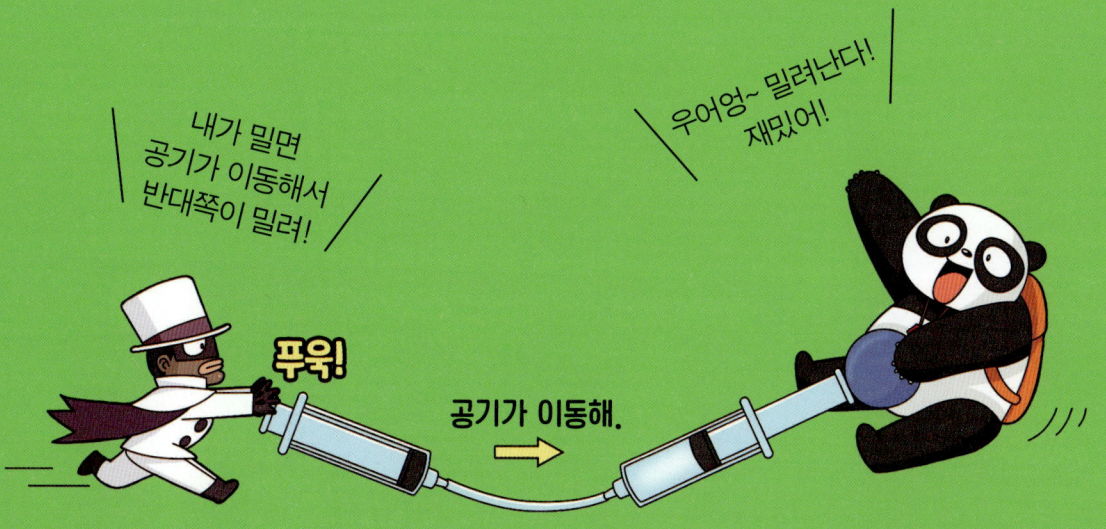

04 물질의 세 가지 상태
찾았다, 몬스터의 서식지!

고체, 액체, 기체

물질은 그 상태에 따라 다른 모습을 하고 있어. 우리 주변의 물질은 대부분 고체, 액체, 기체의 세 가지 상태로 존재해.

구슬로 채우기 　　 물로 채우기 　　 공기로 채우기

옮겨 담아도 변하지 않는 고체

담는 그릇과 관계없이 모양과 부피가 변하지 않는 물질의 상태를 **고체**라고 해. 고체는 눈으로 볼 수 있고, 손으로 잡을 수 있고, 만져보면 단단해. 차곡차곡 쌓을 수도 있어. 그래서 상자 안에 충분한 공간이 있어도 고체를 넣었을 때 뚜껑이 닫히지 않을 수도 있고, 입구가 작은 그릇에 담을 수 없는 경우도 있지.

옮겨 담으면 모양이 변하는 액체

🔍 모양은 변하지만 부피는 변하지 않아

물과 같이 흐르는 물질의 상태를 **액체**라고 해. 액체는 눈으로 볼 수 있지만, 흘러내려서 손으로 잡을 수는 없어. 액체는 담는 그릇에 따라 모양이 변하지만 부피는 변하지 않아.

🔍 우리 주변에는 어떤 액체가 있을까?

우리 주변을 보면 샴푸, 간장 등 다양한 액체 상태의 물질이 있어.

샴푸, 린스, 락스, 방향제 / 우유, 간장, 식초 / 바닷물

옮겨 담으면 부피와 모양이 변하는 기체

공기처럼 담는 용기에 따라 부피와 모양이 변하고, 담긴 용기를 가득 채우는 물질의 상태를 **기체**라고 해. 대부분의 기체는 눈에 보이지 않고 만질 수도 없지만 바람에 흔들리는 머리카락, 물속 생물이 호흡하며 내뿜는 공기 방울 등을 통해 우리 주변에 기체가 있다는 것을 알 수 있어.

한 꼭지 퀴즈

단단하던 몬스터가 갑자기 주르륵 흐르는 상태로 변했어.
이렇게 변한 몬스터의 성질로 옳은 것을 골라 줘.

① 담는 용기에 따라 모양이 변하지만 부피는 변하지 않아.
② 모양과 부피가 항상 일정해.
③ 모양은 그대로지만 부피가 쉽게 변해.
④ 담는 용기에 따라 모양과 부피가 변해.

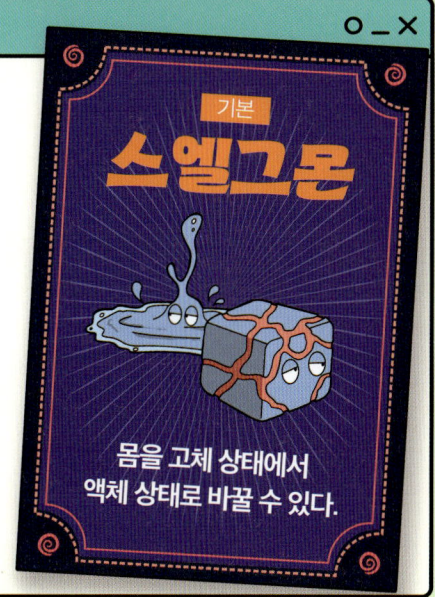

05 기체의 성질
거대해진 스엘그몬

공간을 차지하는 기체

공기가 들어 있는 페트병 안에 풍선을 넣고 불면 풍선이 잘 불어지지 않아. 페트병 안에 든 공기가 이미 공간을 차지하고 있기 때문이야. 이처럼 눈에 보이지는 않지만 기체도 공간을 차지하고 있어.

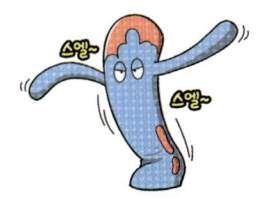

물 위에 페트병 뚜껑을 띄우고 그 위에 플라스틱 컵을 뒤집어 씌운 채 수조 바닥까지 밀어 넣으면 어떻게 될까?

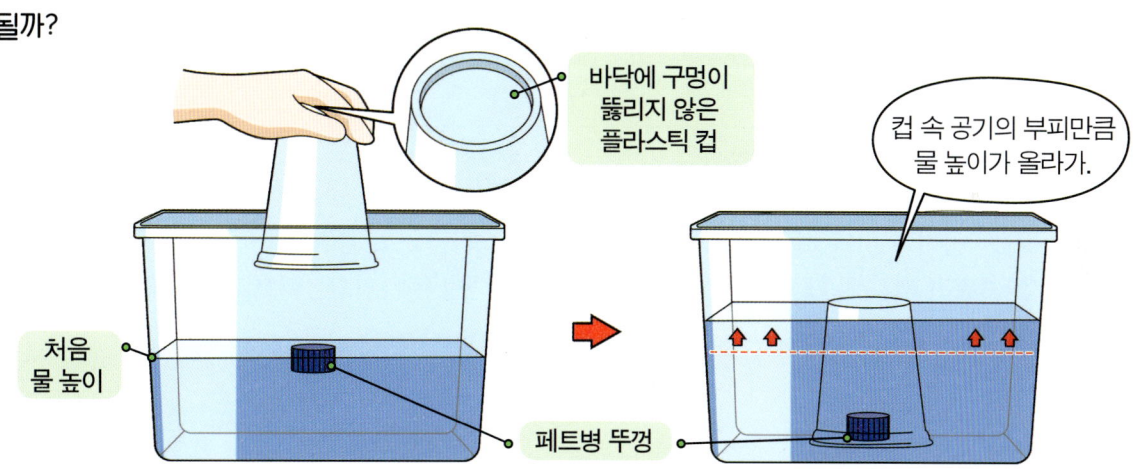

신기하게도 플라스틱 컵 안으로 물이 들어가지 않고 페트병 뚜껑은 수조 바닥에 놓이게 돼. 이는 플라스틱 컵 안에 공간을 차지하고 있는 공기가 물을 밀어냈기 때문이야. 이때 플라스틱 컵 속 공기의 부피만큼 물이 밀려나오기 때문에 수조의 물 높이도 조금 높아져.

만약 플라스틱 컵의 바닥에 구멍을 뚫어 똑같이 실험 한다면 어떻게 될까?

이동하는 기체

기체가 공간을 차지한다면 다른 곳으로 이동할 수도 있을까?
두 개의 주사기를 비닐관으로 연결한 뒤 공기가 들어 있는 주사기의 피스톤을 밀면 공기는 비닐관을 통해 다른 주사기로 이동해. 반대로 다시 피스톤을 잡아 당기면 공기는 원래의 주사기로 돌아와. 이는 기체가 이동해서 생기는 현상이야.

공기가 이동하는지 알아보기

바람은 기체인 공기가 이동하는 거야. 이렇게 공기가 이동하면서 바람이 불면 파도가 치기도 하고 나뭇가지가 흔들리기도 해. 태풍과 같이 강한 바람이 불 땐 커다란 나무도 휘청일 정도야.

우리는 기체가 다른 공간으로 이동하는 성질을 다양하게 이용하고 있어.

한 꼭지 퀴즈

그림의 방 안에서 가장 큰 부피를 차지하고 있는 물질은 무엇이고, 그 물질의 상태는 무엇일까?

① 침대-고체 ② 책장-고체 ③ 공기-기체 ④ 어항의 물 -액체

06 기체의 무게
기체 스엘그몬의 비밀

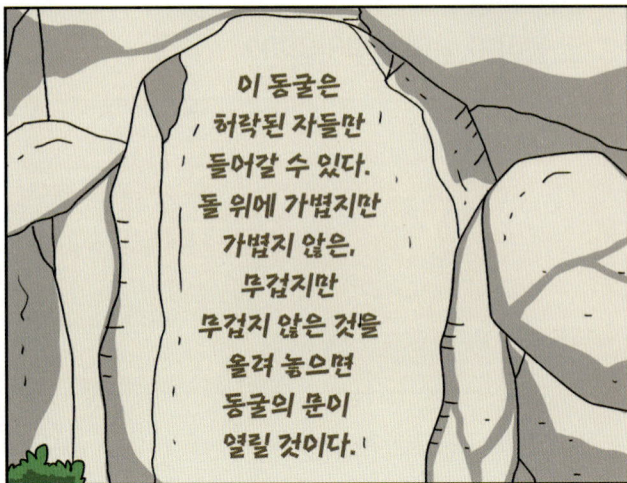

기체의 무게가 있는지 알아보기

기체도 무게가 있어. 공기 침대에 공기를 가득 채우면 공기를 넣기 전보다 무거워진 것을 느낄 수 있지. 기체인 공기는 눈에 보이지 않고, 그릇에 담기도 쉽지 않은데 무게가 있는 것을 어떻게 알 수 있을까?

고체나 액체의 무게는 저울을 이용하면 쉽게 잴 수 있어.

마찬가지로 저울을 이용해 공기의 무게가 있는지 알 수 있어. 먼저 공기를 채우기 전에 튜브의 무게를 측정하고, 튜브에 공기를 가득 채운 후 무게를 측정해. 그리고 공기를 채우기 전후의 튜브의 무게 차이를 비교해 보면 돼.

공기를 채우기 전   공기를 채운 후

2. 물질의 상태 **43**

공기의 무게

공기는 우리 주변의 대표적인 기체 상태 물질이야. 기체의 무게가 어느 정도인지 공기로 알아보자.

문이 닫힌 버스 안을 가득 채운 공기의 무게는 약 120 kg이야. 이는 마른 체형의 성인 남자 두 명의 무게와 비슷하지.

문이 닫힌 교실 안을 가득 채운 공기의 무게는 약 200 kg이야. 이는 물이 가득 든 2 L짜리 생수병 100개의 무게와 비슷해.

문이 닫힌 체육관 안을 가득 채운 공기의 무게는 약 5000 kg이야. 이는 다 자란 어른 코끼리 한 마리의 무게와 비슷하지.

다양한 기체의 무게

부피가 같은 기체라도 기체의 종류에 따라 무게가 달라. 우리가 입으로 분 풍선은 바닥에 가라앉지만, 헬륨 풍선은 위로 떠오르지. 이는 수소, 헬륨 등의 기체는 공기보다 가볍지만, 우리가 내뱉는 숨에 많이 들어 있는 이산화 탄소는 공기보다 무겁기 때문이야.

한 꼭지 퀴즈

신비의 동굴을 열 수 있는 돌판의 수수께끼를 바닐라가 풀었어. 바닐라의 말을 완성시켜 봐.

상태에 따른 물질의 분류

🔍 분류는 어떻게 할까?

분류를 할 때에는 분류 기준이 명확하고 객관적이어야 해. 그래야 누가 분류를 하더라도 분류 결과가 같게 나올 수 있거든. 예를 들어 나뭇잎은 모양이 둥근 것과 그렇지 않은 것, 잎의 표면이 매끄러운 것과 그렇지 않은 것과 같은 기준으로 분류할 수 있어.

🔍 세 가지 상태로 어떻게 분류할까?

우리 주변의 물질은 고체, 액체, 기체의 세 가지 상태로 분류할 수 있어.

2. 물질의 상태 47

우리 주변의 물질은 옮겨 담았을 때 모양과 부피가 변하는지 여부에 따라 고체, 액체, 기체로 분류할 수 있어. 고체는 모양과 부피가 모두 변하지 않지. 액체는 담는 그릇에 따라 모양은 변하지만 부피는 변하지 않아. 기체는 주어진 공간을 가득 채우는 성질이 있어 담는 그릇에 따라 모양과 부피가 변해.

우리 주변의 물질 분류하기

소금, 설탕처럼 가루로 된 물질은 담는 그릇에 따라 모양이 변해. 그렇다면 가루로 된 물질은 어느 상태로 분류할 수 있을까?

소금이나 설탕은 작은 알갱이들이 모여 있는 물질이기 때문에 각각의 알갱이를 기준으로 상태를 분류해야 돼. 알갱이 하나는 옮겨 담아도 부피와 모양에 변화가 없으므로 고체라고 할 수 있어.

그렇다면 스펀지나 솜처럼 물렁물렁한 물체는 어느 상태일까?

스펀지나 솜은 안에 공기가 들어 있어서 힘을 주면 모양과 부피가 변하지만 힘을 빼면 원래의 모양과 부피로 돌아와. 따라서 고체라고 할 수 있지.

❓ 한 꼭지 퀴즈

스엘그몬이 전해 준 신비의 돌은 고체 앞에서는 붉은색, 액체 앞에서는 노란색, 기체 앞에서는 파란색으로 빛난다고 해. 신비의 돌의 색깔이 옳지 <u>않은</u> 것을 골라 봐.

①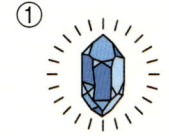
②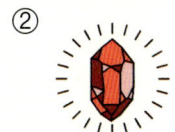
③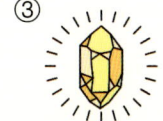
④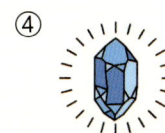

물질의 상태

1. 물질의 세 가지 상태

- 우리 주변의 물질은 대부분 고체, 액체, 기체의 세 가지 상태로 존재하고 있어.

고체-돌

액체-우유

기체-풍선 속 공기

2. 물질의 상태에 따른 성질

고체		고체는 담는 그릇과 관계없이 모양과 부피가 변하지 않아.
액체		액체는 담는 그릇에 따라 모양은 변하지만, 부피는 변하지 않아.
기체	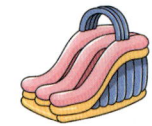	기체는 담는 용기를 가득 채우고, 담는 용기에 따라 모양과 부피가 변해.

3. 기체의 부피와 무게

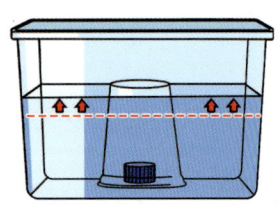
- 기체는 공간을 차지해.

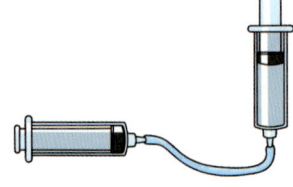
- 기체는 이동할 수 있어.

- 기체는 무게가 있어.

신기한 물질의 상태

호기심 백과

수리수리 마수리~

마법사가 만지는 수정 구슬처럼 손가락을 따라 전기가 흐르는 플라스마 구를 본 적 있니? 플라스마 구 안에는 전기가 통하는 기체, 플라스마가 들어 있어 사람의 손이 닿으면 이렇게 반응해. 플라스마는 기체를 매우 높은 온도로 가열했을 때 나타나는 물질의 상태를 뜻해. 원래 기체를 이루는 알갱이는 전기를 띠지 않지만, 이들이 열에너지를 얻어 이온, 전자 등으로 더 작게 쪼개지면 전기를 띠게 되고 플라스마 상태가 되지.

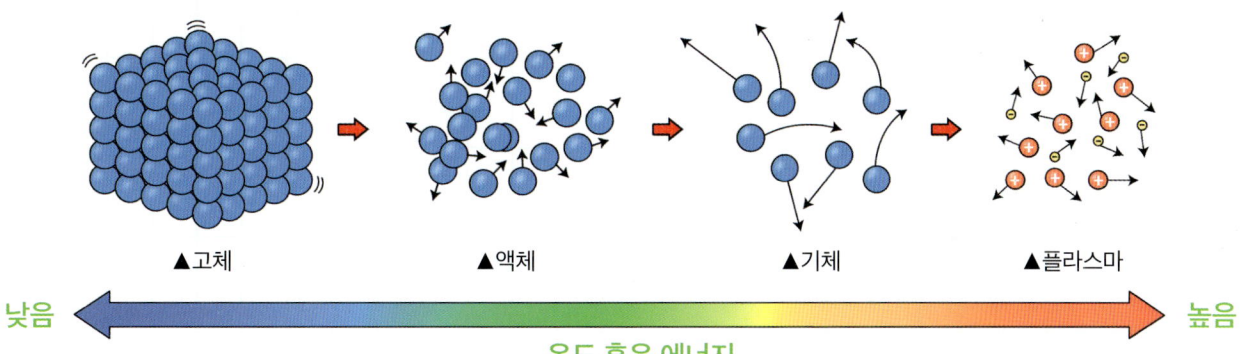

▲고체   ▲액체   ▲기체   ▲플라스마

낮음 ← 온도 혹은 에너지 → 높음

우주에 존재하는 물질의 대부분은 플라스마 상태지만, 지구에서는 번개와 극지방의 밤하늘을 수놓는 오로라 외에는 자연 상태에서 플라스마 상태인 물질을 보기 어려워. 하지만 플라스마 상태의 물질은 이용 가치가 높아 네온사인이나 TV의 디스플레이 등 우리 생활 곳곳에서 다양하게 이용하고 있어.

도전! 과학 영재반

1 담는 그릇에 따라 모양은 변하지만, 부피는 변하지 않는 상태의 물질은 어느 것일까?

답 :

① 연필   ② 컵에 든 음료수   ③ 지퍼백에 든 공기   ④ 유리컵

2 투명한 플라스틱 컵 안쪽 바닥에 압축 물휴지를 붙이고 물이 담긴 수조에 컵을 거꾸로 세워서 깊숙이 넣었어. 잠시 후 컵을 그대로 뺐더니 압축 물휴지가 전혀 젖지 않았지. 이 실험을 통해 알 수 있는 사실은 무엇일까?

답 :

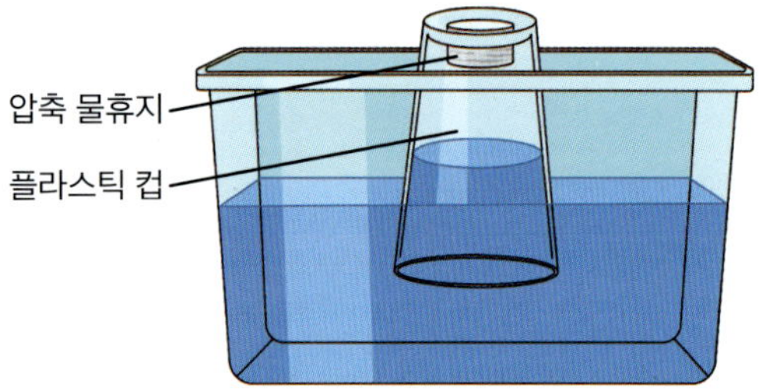

① 압축 물휴지는 물을 밀어내.
② 플라스틱 컵 안에 공기가 들어 있어.
③ 공기는 무게가 있다는 걸 알 수 있어.
④ 더 큰 수조로 실험하면 압축 물휴지가 젖게 돼.

3 간식단이 손을 사용하지 않고 공을 옮기는 게임을 하고 있어. <u>잘못된</u> 방법으로 게임을 하는 친구는 누구일까?

답 :

① 쿠앤크
② 초코
③ 스트로베리
④ 바닐라

4 공기도 무게가 있는지 확인하는 실험을 하려고 해. 순서에 맞게 간식단의 이름을 적어 줘.

답 :

5 간식단이 슈퍼마켓에서 일을 하고 있어. 슈퍼마켓에 있는 여러 가지 물체를 고체, 액체, 기체로 나누어 정리해 줘.

㉠ 고체   ㉡ 액체   ㉢ 기체

그림 속 물체의 상태에 따라 색깔이 변하는 주사위가 있어. 다음 중 나타날 수 없는 주사위는 무엇일까?
(고체에서 빨간색, 액체에서 노란색, 기체에서 파란색으로 변해.)

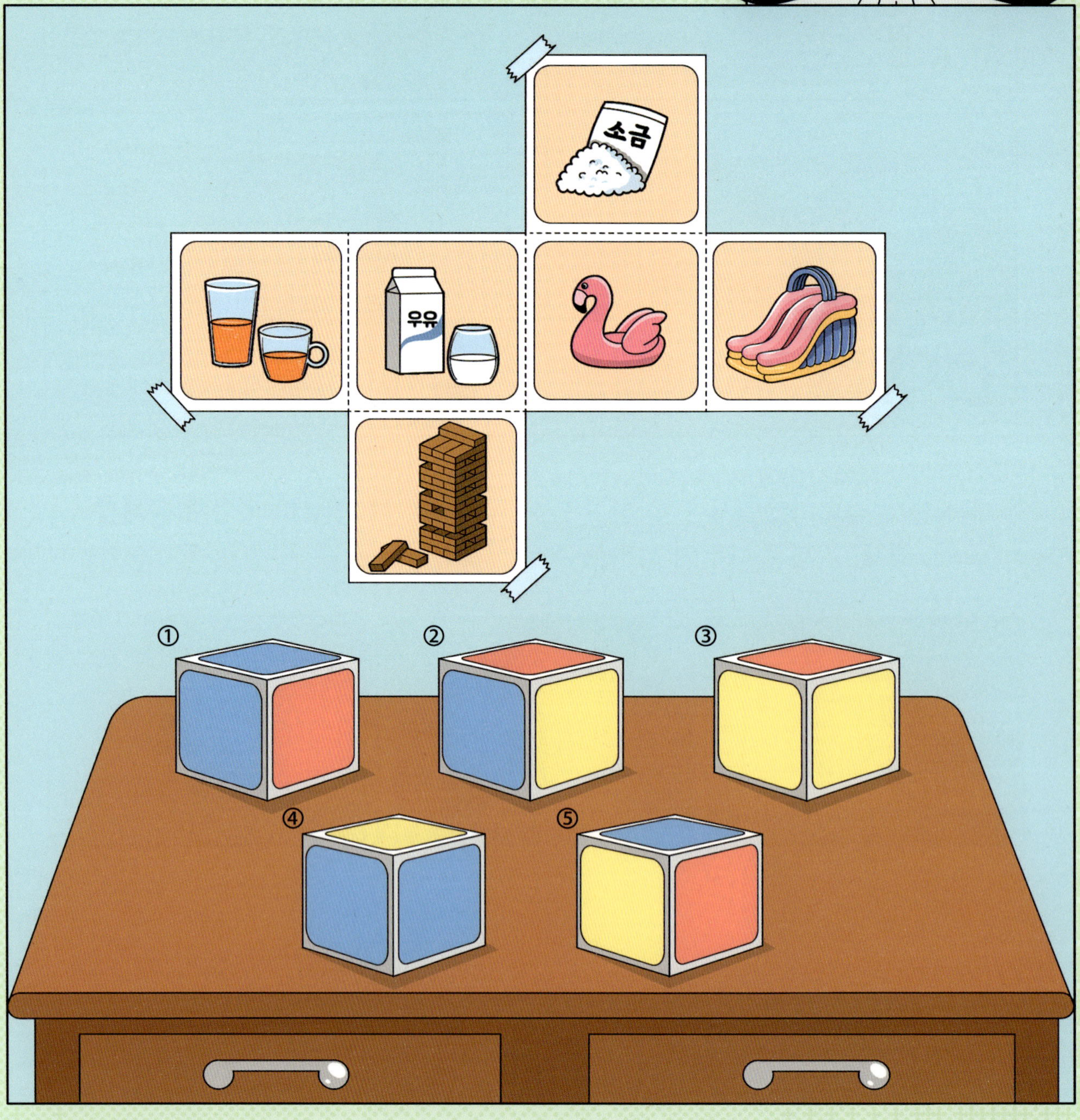

3. 물의 상태 변화

# 물의 세 가지 상태
여기는 내 놀이터야

물의 세 가지 상태

물은 고체인 얼음, 액체인 물, 기체인 수증기의 세 가지 상태로 있어.

얼음은 고체 상태야. 담는 그릇과 관계없이 모양과 부피가 변하지 않지. 손으로 잡을 수 있고, 만져 보면 단단해.

얼음이 녹으면 물이 돼. **물**은 액체 상태로 일정한 모양이 없고 흐르며, 손으로 잡을 수 없어. 또 담는 그릇에 따라 모양이 변하지.

수증기는 기체 상태로 일정한 모양이 없어. 물이 마르면서 사라지는 것처럼 보이는 것은 수증기가 눈에 보이지 않는 기체이기 때문이야.

물이 얼 때와 얼음이 녹을 때의 변화

물이 얼 때와 얼음이 녹을 때 부피와 무게는 어떻게 될까?

먼저 페트병에 물을 담고 물 높이를 유성 펜으로 표시한 후 페트병의 무게를 측정해. 이후 페트병을 냉동실에 넣어 얼린 후, 물 높이와 무게를 비교해 봐.

부피 변화

무게 변화

물이 얼거나 얼음이 녹을 때 무게는 변하지 않지만 부피는 변해. 물이 얼 때는 부피가 늘어나고, 얼음이 녹을 때는 부피가 줄어들어.

일상생활 속 물과 얼음의 상태 변화

물을 얼리면 부피가 커지고, 얼음이 녹아 물이 되면 부피가 줄어들어. 우리 주변에는 물과 얼음의 부피 차이 때문에 볼 수 있는 다양한 현상들이 있어.

- 녹으면 양이 적어지니까 녹기 전에 먹어야지.
- 양이 적어지는 게 아니라 부피가 줄어드는 거야!

녹은 얼음과자의 부피가 줄어듦

- 음료수를 시원하게 먹으려고 냉동실에 넣었는데 깨졌어!
- 냉장고 속은 네가 치워!

물이 얼면서 병이 깨짐

- 바위틈으로 물이 들어가서 얼면 바위틈이 더 많이 벌어져.
- 나보다 힘이 세군!

언 바위가 깨짐

한 꼭지 퀴즈

쿠아몬이 뿜은 물을 스엘그몬이 모두 얼렸어.
이때 일어나는 현상에 대해 **잘못** 말한 친구는 누구일까?

① 물은 액체이고, 얼음은 고체야.
② 물이 얼음으로 되면 부피가 커져.
③ 물이 얼음으로 되면 무게가 늘어나.
④ 물이 얼음으로 되어도 무게는 그대로야.

기본 쿠아몬
물을 뿜어 적을 위협할 수 있다.

09 물의 증발과 끓음
맵다, 매워!

증발과 끓음

🔍 물은 어디로 사라졌을까?

컵에 물을 담아 두면 아무런 변화가 없는 것처럼 보이지만, 시간이 지날수록 물의 양이 점점 줄어들어. 이것은 물의 표면에서 물이 수증기로 변해 공기 중으로 날아갔기 때문이야. 이와 같은 현상을 **증발**이라고 해.

🔍 물을 가열하면 어떻게 될까?

물을 가열하면 처음에는 표면에서만 물이 증발하다가 나중에는 물 표면과 내부 모두에서 기포가 발생하면서 수증기로 변해. 이처럼 물의 표면과 물속 모두에서 물이 수증기로 변하는 현상을 **끓음**이라고 해. 물이 끓을 때는 증발할 때보다 더 빠르게 수증기로 변하여 물의 양이 빨리 줄어들어.

우리 주변의 증발 현상

운동장에서 신나게 땀 흘리며 뛰어놀고 난 후, 잠깐 그늘에 앉아 바람을 쐬었더니 어느새 땀이 말라 있었던 경험이 한 번쯤 있을 거야. 이것은 우리 몸에 있던 물이 수증기로 변하여 공기 중으로 날아갔기 때문이야. 이 외에도 우리 주변에서 물이 증발하는 현상은 쉽게 찾을 수 있어.

우리 주변의 끓음 현상

우리는 국이나 찌개와 같은 음식을 만들거나 따뜻한 차를 마실 때 물을 끓여. 또 행주나 아기의 젖병을 소독할 때도 물을 끓이지.

- 역시 된장찌개가 최고야!
- 나도 한 입만!
- **찌개 끓이기**
- 너도 한번 마셔 볼래?
- **물 끓이기**
- 젖병을 다 삶고 나면 이번에는 행주를 삶아 볼까?
- **젖병 소독하기**

한 꼭지 퀴즈

쿠아몬이 컵 속 물을 모두 증발시켜 버렸어.
이 현상과 다른 상태 변화에 대해 말하는 친구는 누구일까?

① 빨래가 마르는 건 증발이야.
② 어항 속의 물이 증발해서 줄어들어.
③ 찌개를 계속 끓이면 국물이 졸아들어.
④ 오징어를 말려서 건조 오징어를 만들어.

1진화 쿠아몬
물을 수증기로 바꾸어 뜨거운 열 공격을 할 수 있다.

10 수증기의 응결
아깝지만 아깝지 않은 식혜

STEP ★
차가운 컵에 물방울이 맺힌 까닭

컵에 차가운 음료를 담아 두면 차가운 컵 표면에 물방울이 맺히는 것을 볼 수 있어. 이 물방울은 공기 중의 수증기가 차가운 컵을 만나 물로 상태가 변한 거야. 이렇게 기체인 수증기가 액체인 물로 상태가 변하는 것을 <u>응결</u>이라고 해.

STEP ★ STEP ★★
우리 주변의 응결 현상

맑은 날 새벽에 볼 수 있는 안개와 이슬을 비롯해 하늘에 떠 있는 구름도 공기 중의 수증기가 응결하여 생긴 현상이야.

자연에서 볼 수 있는 응결 현상

안개 수증기가 땅이나 물 표면 가까이에서 응결해 작은 물 입자 상태로 떠 있는 것

이슬 수증기가 잎, 거미줄 등의 표면에 닿아 응결된 것

> 방금 목욕하고 나온 사람, 누구야!

로즈 바보

따뜻한 물로 샤워한 후 뿌옇게 된 거울을 본 적 있니? 거울이 뿌옇게 된 건 공기 속 수증기가 차가운 거울에 닿아 응결하여 김이 생겼기 때문이야.

한 꼭지 퀴즈

O-X

이른 아침에 생긴 안개에 대해 잘못 설명한 친구는 누구일까?

① 풀잎에 맺힌 이슬도 안개와 같은 이유로 생긴 거야.

② 추운 날 유리창 안쪽에 물방울이 맺히는 것도 같은 이유야.

③ 물이 담긴 냄비를 가열하면 보글보글 끓어.

④ 같은 이유로 겨울에 안경을 쓰고 실내로 들어가면 뿌옇게 돼.

2진화
쿠아몬

안개를 만들어 안개 속에 숨을 수 있다.

3. 물의 상태 변화 67

11 물의 상태 변화 이용하기
쿠아몬, 출동이다!

물의 상태 변화

물은 고체인 얼음, 액체인 물, 기체인 수증기의 세 가지 중 하나의 상태로 있어. 이때 물은 계속 한 가지 상태로만 존재하는 것이 아니라 다른 상태로 변할 수 있어. 물을 얼리면 얼음이 되고, 가열하면 수증기가 돼. 얼음이나 수증기도 다시 물이 될 수 있지.

이렇게 물, 얼음, 수증기가 서로 다른 상태로 변화하는 것을 **물의 상태 변화**라고 해.

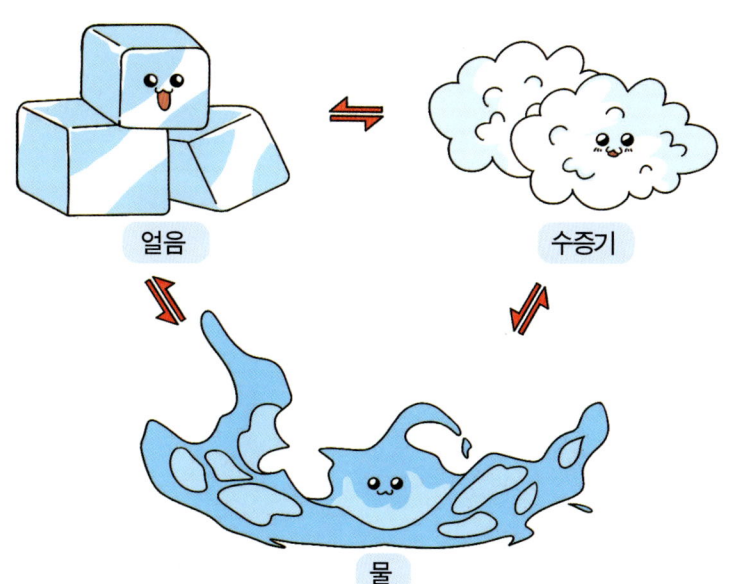

수증기로 되는 변화를 이용한 예

일상생활에서 물이 수증기로 되는 변화를 이용하는 경우를 알아볼까?
가습기로 공기 중의 수증기 양을 늘려 습도를 조절하고, 스팀다리미로 구겨진 옷을 다려. 또 수증기를 이용해 음식을 익히기도 해.

"내 미모의 비결은 촉촉한 피부. 공기가 너무 건조하니 가습기를 켜야지."

"역시 수증기로 익힌 만두가 최고야."

가습기　　　찜기

얼음이 되는 변화를 이용한 예

물이 얼음으로 되는 변화를 이용하기도 해. 물을 얼려 얼음과자를 만들고, 겨울철 스키장에서는 인공 눈을 만들어. 얼음과 얼음 사이에 물을 뿌리면 얼어붙는 현상을 이용해 얼음 조각을 만들기도 해.

한 꼭지 퀴즈

쿠아몬이 한 일 중 물의 상태 변화의 종류가 <u>다른</u> 것을 찾아봐.

① 얼음과자 만들기

② 인공 눈 만들기

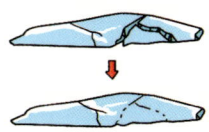
③ 얼음 조각 붙이기

④ 만두 찌기

물의 상태 변화

1. 물의 세 가지 상태

- 물은 고체인 얼음, 액체인 물, 기체인 수증기의 세 가지 상태로 있어.
- 물이 얼거나 얼음이 녹을 때 무게는 변하지 않지만 부피는 변해.

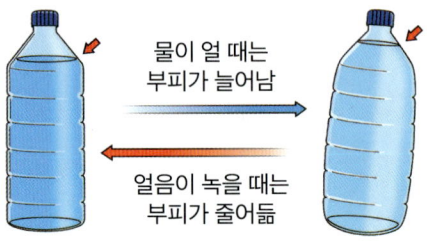

물이 얼 때는 부피가 늘어남

얼음이 녹을 때는 부피가 줄어듦

2. 물의 증발과 끓음

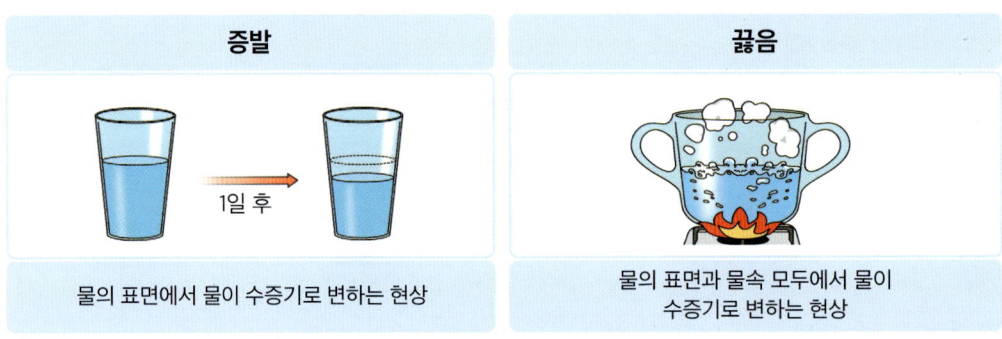

증발	끓음
물의 표면에서 물이 수증기로 변하는 현상	물의 표면과 물속 모두에서 물이 수증기로 변하는 현상

3. 수증기의 응결

- 기체인 수증기가 액체인 물로 상태가 변하는 것을 응결이라고 해.

차가운 캔에 맺힌 물방울

창문 안쪽에 맺힌 물방울

안경에 맺힌 물방울

4. 물의 상태 변화 이용하기

- 물의 상태 변화: 물, 얼음, 수증기가 서로 다른 상태로 변화하는 것
- 수증기로 되는 변화를 이용: 가습기, 찜기, 스팀다리미
- 얼음으로 되는 변화를 이용: 인공 눈, 얼음 조각

새로운 변기가 필요해!

우리가 생활 속에서 물을 가장 많이 사용하는 곳이 어디인지 아니?
바로 화장실이야. 그중에서도 변기에 쓰이는 물의 양이 가장 많지. 과학자들은 변기 때문에 불필요하게 버려지는 물을 절약하기 위해 새로운 변기를 개발하고 있어.

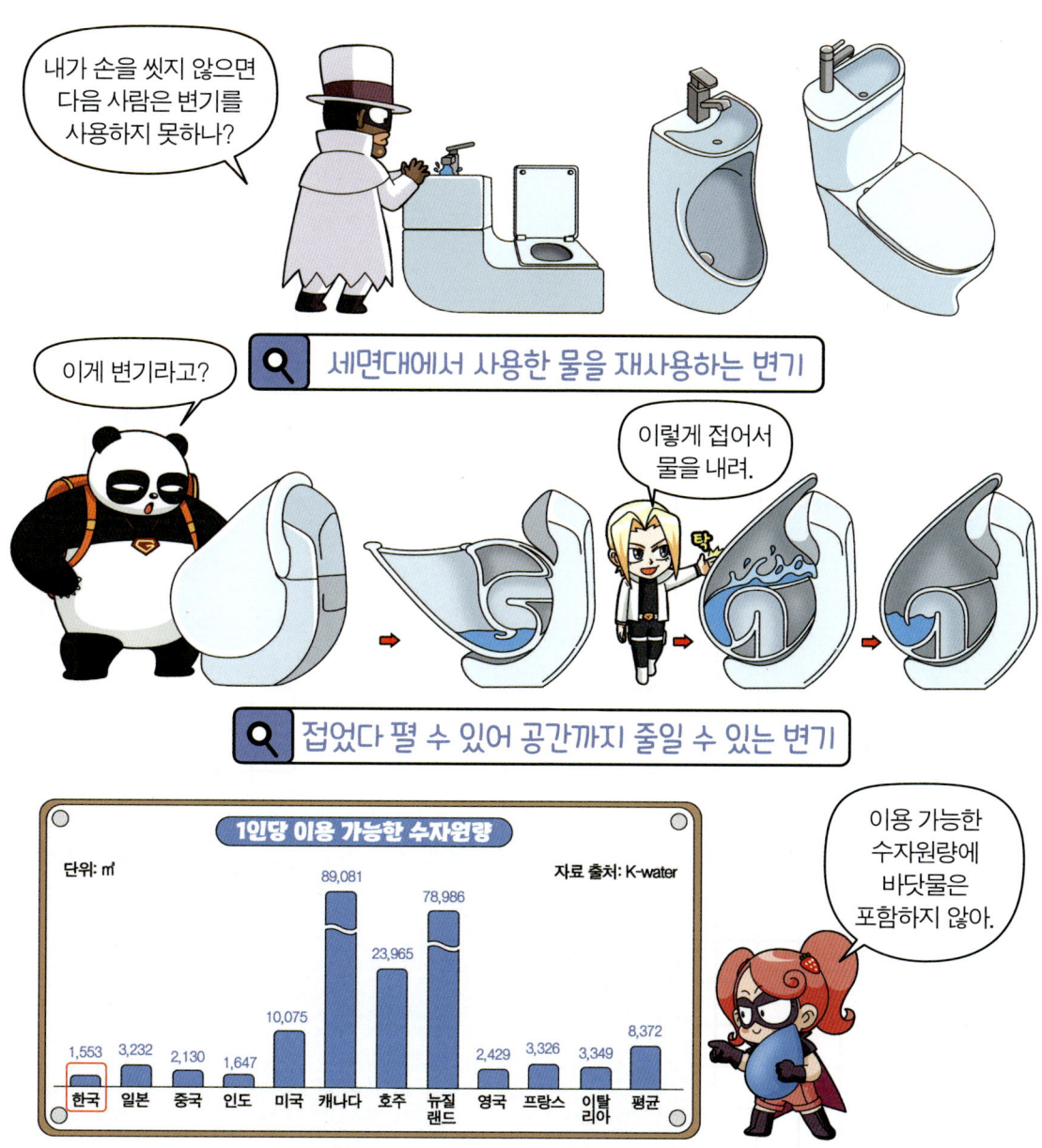

이렇게 새로운 변기를 개발하는 이유는 우리가 사용할 수 있는 물의 양이 생각보다 매우 적기 때문이야. 우리나라만 하더라도 한 사람이 1년 동안 이용할 수 있는 물은 약 1,553 L로 다른 국가에 비해 매우 적어. 따라서 우리나라도 물을 절약하는 변기로 교체하는 것은 물론이고, 물을 절약하기 위한 다양한 노력을 해야 돼.

도전! 과학 영재반

1 추운 겨울날 장독대의 독과 음료수 병이 깨졌어. 누가 범인인지 과학적으로 옳게 말하고 있는 친구는 누구일까?   답 :

① 쿠앤크   ② 바닐라   ③ 스트로베리   ④ 초코

2 오전에 초코가 바닐라를 도와 빨래를 넌은 후, 오후에 보니 빨래가 모두 말랐어. 이와 같은 현상이 <u>아닌</u> 것은 무엇일까?   답 :

3 쿠앤크가 라면 물을 끓이며 배웠던 내용을 떠올리고 있어. 빈칸에 들어갈 말로 옳은 것은 무엇일까?

답:

"드디어 끓기 시작하네, 보글보글."
"이 기포는 _____라고 했지!"

① 물　　② 산소　　③ 얼음　　④ 수증기　　⑤ 이산화 탄소

4 냉동실에 얼린 캔 음료를 꺼내서 저울 위에 올렸어. 30분 후의 변화에 대해 옳게 설명한 것은 무엇일까?

답:

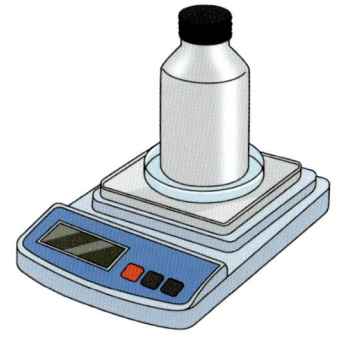

① 아무런 변화가 일어나지 않아.
② 캔 속의 음료가 더 차가워져.
③ 캔 표면에 맺힌 물방울의 무게만큼 무게가 늘어나.
④ 캔 표면에 물이 맺히지만 무게 변화는 없어.

5 쿠앤크의 일기에서 틀린 부분을 찾아 고쳐 줘.

답:　　고친 내용:

🐼 쿠아몬이 최고!!

오늘 쿠아몬과 함께 물을 여러 가지 상태로 바꾸었다. 우엉.
물은 세 가지 상태로 있는데 **① 고체인 얼음, 액체인 물, 기체인 수증기다.** 우엉.
차가운 음료가 든 컵을 책상에 두었더니 공기 중의 **② 수증기가 차가운 컵을 만나 컵 표면에 물방울로 맺혔다. ③ 이건 증발이다.** 우엉.
④ 액체인 물을 수증기로 만들어 다림질에 쓰는 스팀다리미로 옷도 다렸다.

오늘 참 알찬 하루다. 우엉.

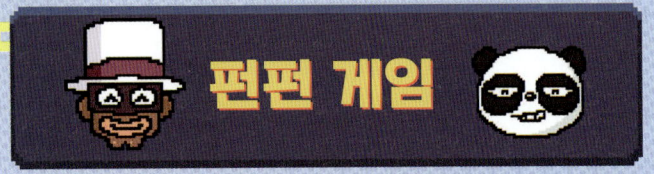
펑펑 게임

쿠아몬이 새로 사귄 친구에 대한 힌트를 남겼어.
이 새로운 친구는 무엇으로 이루어져 있을까?
각각의 물방울에서 찾은 기호를 합쳐 봐.

정답 186쪽

"물방울에 순서가 있는 것 같아."

"하나, 둘, 셋, 넷…"

4. 혼합물의 분리

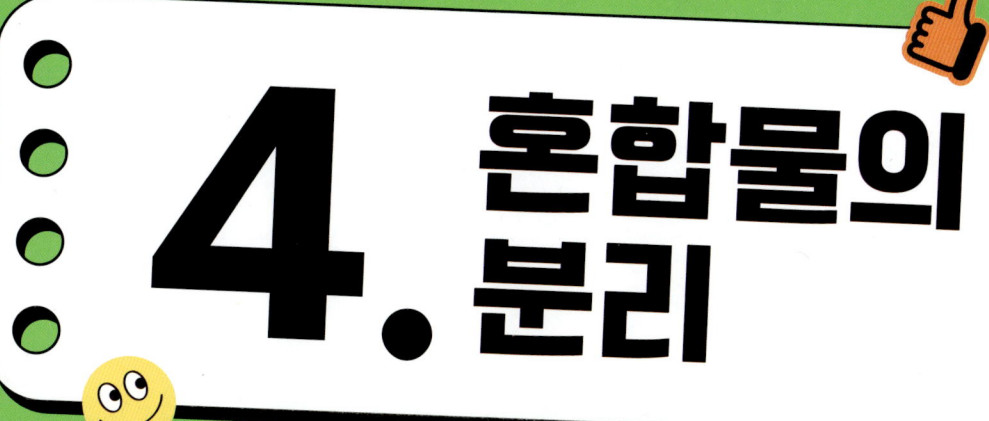

혼합물을 잘 분리하면 돈을 벌 수 있다.

12 우리 주변의 혼합물
도사님의 정체

혼합물과 순물질

과일 샐러드와 김밥에는 두 가지 이상의 재료가 섞여 있어. 이때 각각의 재료는 섞여 있어도 원래의 색과 맛은 변하지 않아. 이처럼 두 가지 이상의 물질이 성질이 변하지 않은 채 서로 섞여 있는 것을 **혼합물**이라고 해. 반면 한 가지 물질로만 이루어진 물질은 **순물질**이라고 하지. 순물질에는 설탕, 물, 금, 은 등이 있어.

혼합물을 분리하는 까닭

혼합물을 왜 분리할까?

우리 주변의 물질은 대부분 혼합물로 섞여 있어. 그중 우리 생활에 필요한 물질만 골라서 쓰려면 혼합물을 분리해야 돼.

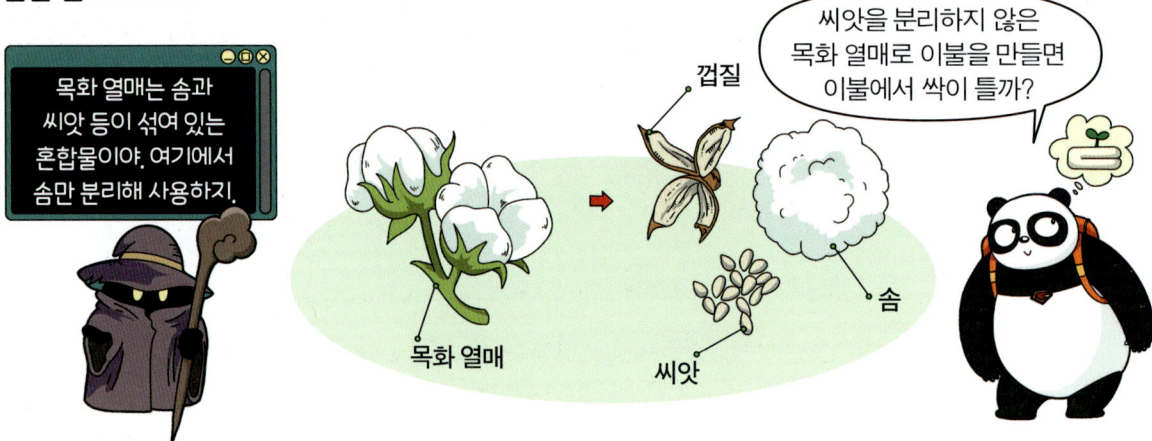

목화 열매는 솜과 씨앗 등이 섞여 있는 혼합물이야. 여기에서 솜만 분리해 사용하지.

씨앗을 분리하지 않은 목화 열매로 이불을 만들면 이불에서 싹이 틀까?

분리한 물질은 어디에 이용할까?

목화에서 분리한 솜은 이불이나 옷 등을 만드는 데 이용해. 설탕은 사탕수수에서 분리해 그대로 사용하거나 다른 물질과 섞어 사탕, 케이크, 과자 등으로 만들지.

설탕은 사탕수수라는 식물에서 분리해 사용해.

설탕은 그대로 먹어도 맛있지만 사탕으로 만들면 더 맛있어.

금은 광산에서 캐거나 강의 모래나 흙에 섞여 있는 금을 분리해서 얻어. 이렇게 분리한 금은 장신구부터 전자 제품, 의료용 치아까지 다양한 곳에서 사용돼.

이처럼 혼합물에서 분리한 물질은 그대로 이용하기도 하지만, 분리한 물질과 다른 물질을 섞어 이용하기도 해.

한 꼭지 퀴즈

혼합물을 단번에 구별하는 도사님에게 받은 것 중 혼합물인 것을 두 개 골라 줘.

① 소금과 물이 섞여 있는 바닷물
② 금이 섞인 모래에서 분리해 낸 금
③ 목화에서 분리해 낸 솜
④ 설탕과 다른 물질이 섞여 있는 사탕수수

4. 혼합물의 분리

13 체를 이용한 분리
코잉몬의 집착

크기 차이로 분리하는 경우

알갱이 크기가 다른 고체 물질이 섞여 있는 혼합물은 알갱이의 크기 차이를 이용하여 분리할 수 있어. 생활 속에서 그 예를 쉽게 찾을 수 있지.

모래와 쓰레기 분리하기
해변 쓰레기 수거 장비는 눈의 크기가 모래보다 큰 체로 모래는 통과시키고 쓰레기만 골라내.

흙과 감자 분리하기
작물 수확 기계는 눈의 크기가 흙보다 큰 체로 흙은 통과시키고 감자만 분리해.

새끼 물고기 분리하기
어부들은 그물코의 크기가 새끼 물고기보다 큰 그물로 다 자란 물고기만 잡아.

체로 분리하기

알갱이 크기 차이로 어떻게 분리할까?

크기가 다른 알갱이가 섞여 있을 때에는 체를 사용하여 편리하게 분리할 수 있어. 체는 알갱이 크기에 따라 눈 크기가 적당한 것으로 선택해야 돼. 만약 알갱이 크기가 체의 눈보다 크다면 체 위에 남고, 알갱이가 체의 눈보다 작다면 체를 빠져나가며 분리돼.

체의 눈 크기가 동전보다 크면
-> 모두 통과

체의 눈 크기가 모래보다 작으면
-> 모두 통과 못함

알갱이가 분리되는 순서를 바꿀 수 있을까?

눈이 큰 체와 작은 체 중 먼저 사용하는 순서에 따라 알갱이가 분리되는 순서가 달라져. 콩, 팥, 좁쌀의 혼합물로 알아보자.

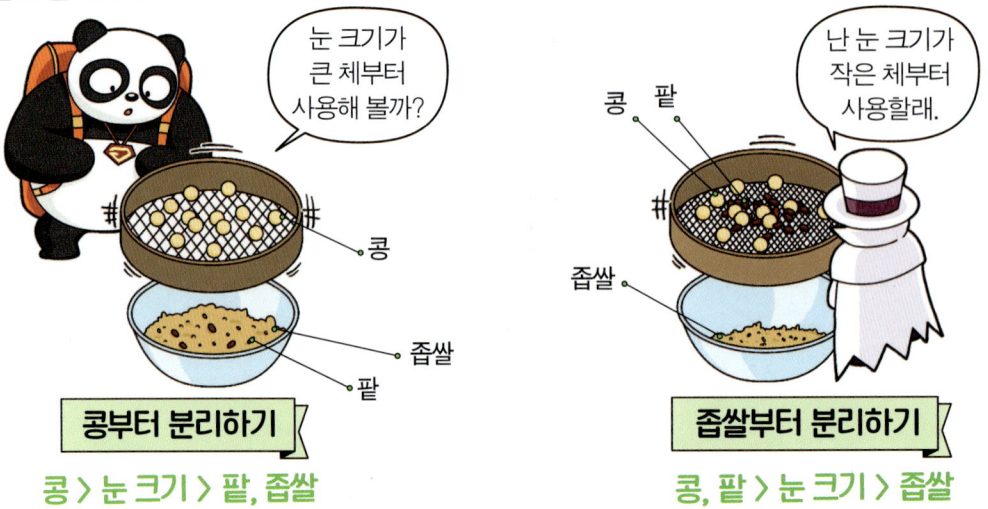

콩부터 분리하기
콩 > 눈 크기 > 팥, 좁쌀

좁쌀부터 분리하기
콩, 팥 > 눈 크기 > 좁쌀

한 꼭지 퀴즈

다음 중 체로 분리할 수 <u>없는</u> 혼합물은 무엇일까?

① 콩, 팥, 좁쌀이 섞인 혼합물

② 모래와 자갈이 섞인 혼합물

③ 소금과 설탕이 섞인 혼합물

④ 흙과 감자가 섞인 혼합물

자석을 이용한 분리
동전이 아니면 관심 없어

철로 된 물질이 섞인 고체 혼합물의 분리

철로 된 물체는 자석에 붙는 성질이 있어. 철로 된 물질이 섞여 있는 혼합물은 철이 **자석에 붙는 성질을 이용해 분리**할 수 있어.

철 가루는 알갱이 크기가 매우 작아서 다른 물질과 섞였을 때 손이나 체로 분리하기 어려워. 하지만 철은 자석에 붙고, 쌀은 자석에 붙지 않는 성질을 이용하면 쉽게 철 가루를 분리할 수 있지.

자석을 이용한 생활 속 혼합물 분리

🔍 자석으로 철 가루를 분리해

말린 고추를 기계에 넣어 고춧가루를 만들 때, 기계가 닳아 철 가루가 섞여 들어가는 경우가 있어. 그리고 볍씨의 껍질을 깎는 과정에서도 기계가 닳으면서 철 가루가 섞여 들어가. 이렇게 섞인 철 가루를 제거하기 위해 가루가 나오는 부분의 뒷면에는 자석이 있어.

🔍 자석으로 캔을 분리해

재활용품 처리장에서는 자석을 이용해 철을 분리하기도 해. 자동 분리기 안에 철 캔과 알루미늄 캔이 섞여 있는 혼합물을 넣으면 캔은 이동판에 실려 옮겨져. 이때 자석이 들어 있는 위쪽 이동판에 철 캔만 달라붙어 분리돼.

한 꼭지 퀴즈

금속을 끌어당기는 코잉몬의 능력으로 분리할 수 있는 혼합물을 찾아봐.

① 소금과 모래의 혼합물

② 콩, 팥, 좁쌀의 혼합물

③ 여러 가지 과일이 들어간 과일 샐러드

④ 플라스틱 구슬과 철 구슬의 혼합물

15 거름과 증발을 이용한 분리
코잉몬, 이제 그만!

거름과 증발

🔍 고체 혼합물을 어떻게 분리할까?

혼합물에서 각 물질은 성질이 변하지 않고 그대로 섞여 있기 때문에 물질의 성질을 이용하면 혼합물을 분리할 수 있어.

고체 혼합물 → (알갱이 크기의 차이가 있나요?) 네 → 체를 이용해
아니요 ↓
고체 혼합물 → (철로 된 물질이 있나요?) 네 → 자석을 이용해
아니요 ↓
고체 혼합물 → (물에 녹는 물질이 있나요?) 네 → 물에 녹여 걸러
아니요 → 다른 액체에 녹는지 확인해 봐

- 소금과 후추는 체로 분리될 만큼 알갱이의 크기 차이가 나지 않아.
- 자석에 붙는 철 가루도 없다. 우엉~
- 그럼 물에 한번 녹여 볼까?

🔍 물에 녹여 걸러!

물에 녹는 물질과 물에 녹지 않는 물질의 혼합물은 물에 녹여 **거름 장치**로 분리해.

거름종이는 두 번 접어 고깔 모양으로 만들어.

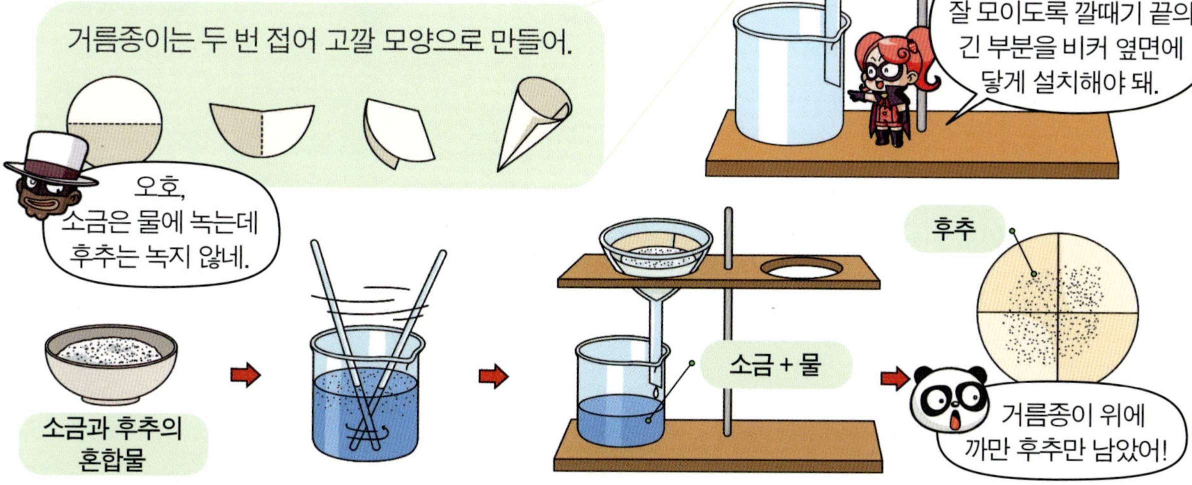

- 이건 거름 장치야. 물에 녹지 않은 물질은 거름종이 위에 남아.
- 깔때기대
- 물질이 튀지 않고 잘 모이도록 깔때기 끝의 긴 부분을 비커 옆면에 닿게 설치해야 돼.

오호, 소금은 물에 녹는데 후추는 녹지 않네.

소금과 후추의 혼합물 → → 소금 + 물 → 후추

거름종이 위에 까만 후추만 남았어!

🔍 물에 녹은 물질을 물에서 분리해!

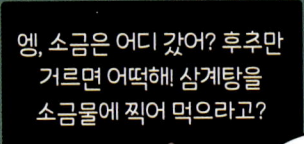

엥, 소금은 어디 갔어? 후추만 거르면 어떡해! 삼계탕을 소금물에 찍어 먹으라고?

진정해. 이제 소금물을 끓이기만 하면 돼.

- 소금물
- 소금

이건 증발 장치야. 증발 접시에 소금물을 넣고 끓이면 물이 증발하고 소금만 남아.

- 증발 접시
- 삼발이
- 알코올램프

증발 장치

불은 무서워! 난 멀리 가 있을래.

물에 녹아 있는 고체 물질은 **증발**을 이용해 분리할 수 있어. 증발은 물이 수증기로 변하는 현상이야.

STEP ★ / STEP ★★

생활 속 거름과 증발의 이용

걸러 낸 간장도, 걸러진 된장도, 어느 것 하나 버릴 게 없군!

- 된장 재료 (건더기)
- 천
- 메주와 소금물을 섞은 혼합물
- 간장 재료 (액체)

메주로 된장과 간장 만들기

전부 내 배 속으로!

된장과 **간장**을 만들 때도 거름의 방법을 사용해. 메주와 소금물의 혼합물을 천으로 거르면 물에 녹지 않은 물질은 천 위에 걸러져 된장의 재료가 되고, 물에 녹은 물질은 간장의 재료가 돼.

사탕수수에서 설탕 분리하기

사탕수수에서 설탕을 얻을 때에도 거름과 증발의 방법을 이용해. 이처럼 거름과 증발은 일상생활에서 필요한 물질을 얻는 중요한 혼합물의 분리 방법이야.

한 꼭지 퀴즈

O_X

간식단이 혼합물을 물에 녹인 후 거름과 증발을 이용해 소금을 분리했어. 이와 같은 원리로 분리하는 혼합물은 무엇일까?

① 따뜻한 물에 넣은 찻잎을 망으로 걸러 물에 녹는 성분만 차로 마셔.

② 그물로 다 자란 물고기만 걸러내 잡아.

③ 사탕수수 즙을 가열하여 물만 증발시키고 설탕 원료를 분리해.

혼합물의 분리

1. 순물질과 혼합물

순물질	한 가지 물질로만 이루어진 물질 예) 설탕, 물, 금, 은 등
혼합물	두 가지 이상의 물질이 성질이 변하지 않은 채 서로 섞여 있는 것 예) 샐러드, 김밥, 팥빙수, 흙탕물 등

2. 혼합물의 분리

혼합물을 분리하면 원하는 물질을 얻을 수 있고, 이를 우리 생활에 필요한 곳에 이용할 수 있어.

예) 여러 물질과 섞여 있는 금을 분리해서 다양한 곳에 사용해.

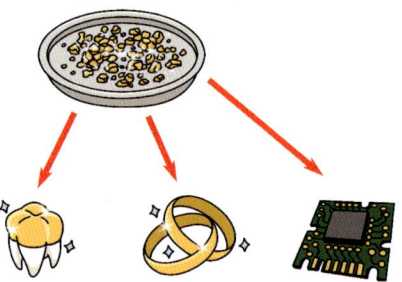

3. 여러 가지 혼합물의 분리 방법

알갱이의 크기 차이를 이용	 	체를 사용해서 분리해.
자석에 붙는 성질을 이용		자석에 붙는 물질과 붙지 않는 물질로 분리해.
물에 녹는 성질을 이용	 	

물에 녹지 않는 물질은 거름 장치로 거르고, 녹은 물질은 증발 장치로 물을 증발시켜 분리해.

우리도 분리해!

호기심 백과

혼합물의 분리는 자연과 일상생활에서도 쉽게 찾을 수 있어.

나가게 해 달라!

먹이 분리하기

수염고래는 바닷물에서 먹이만 분리할 수 있는 특별한 장치를 갖고 있어. 그 장치는 바로 입안에 붙어 있는 수많은 수염이야. 수염고래는 먹이가 든 바닷물을 입안 가득 담은 후, 수염 사이로 바닷물만 내보내 먹이를 분리하여 먹어.

혈액 분리하기

헌혈을 할 때 혈액에서 특정 성분만 분리하기도 해. 혈액이 담긴 병을 기계에 넣고 매우 빠르게 돌리면 노란 액체와 적혈구, 백혈구 등의 혈구가 분리되거든. 이렇게 분리된 성분만 골라내어 필요한 사람에게 주고, 나머지는 헌혈자에게 돌려줘.

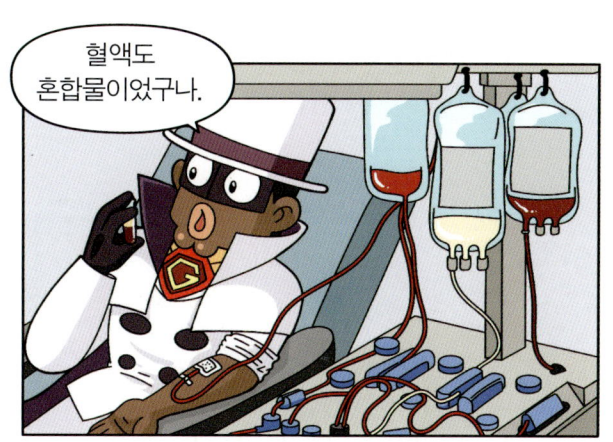

혈액도 혼합물이었구나.

바닷물

바닷물에서 수증기만 증발해 아래로 밀려 내려가.

태양아~ 이 물 좀 걸러 줘!

수증기가 응결하여 깨끗한 물로 모여.

깨끗한 물 분리하기

바닷물이나 오염된 물에서 깨끗한 물만 분리하여 사용하기도 해. 여러 가지 방법이 있지만 바닷물이나 오염된 물을 태양열로 가열만 해도 깨끗한 물을 분리할 수 있어. 증발한 수증기만 모은 후 응결시키면 깨끗한 물을 얻을 수 있지.

도전! 과학 영재반

1 코잉몬이 혼합물을 가져오면 초코 우유로 바꿔 주고 있어. 초코 우유를 마실 수 없는 친구는 누구일까?

답:

① 바닐라

② 초코

③ 스트로베리

④ 쿠앤크

2 초코가 동전이 분리되는 저금통을 선물 받았어. 빈칸에 알맞은 말을 써 봐.

㉠ :　　　　㉡ :

우아, 같은 동전끼리 모이네요!

이 저금통은 동전을 ㉠ 에 따라 분리해. 초코가 가진 동전은 모두 ㉡ 원이야.

3 쿠앤크가 쓰레기와 모래를 체 위에 올려놓았더니 모두 체를 통과해 버렸어. 왜 그런 걸까?

답:

① 눈의 크기가 너무 작은 체를 사용했어.
② 눈의 크기가 너무 큰 체를 사용했어.
③ 체 대신에 자석을 사용해야 했어.
④ 유리로 만든 체를 사용했어.
⑤ 모래를 물에 녹여서 분리해야 했어.

쓰레기와 모래가 분리가 안 되네.

4 초코와 바닐라가 고춧가루 빻는 기계를 보며 대화를 하고 있어. 바닐라는 무슨 말을 했을까?

답 :

〈보기〉

㉠ 고춧가루는 가볍고, 철 가루는 무거운 성질을 이용했어.
㉡ 고춧가루는 부드럽고, 철 가루는 거친 성질을 이용했어.
㉢ 고춧가루는 자석에 붙지 않고, 철 가루는 자석에 붙는 성질을 이용했어.

5 바닐라가 흰색 가루에 후추가 섞인 혼합물을 물에 녹여 분리하려고 해. 각 단계의 답은 무엇인지 짝지어 봐.

(1) 물에 넣은 혼합물 중 흰색 가루가 보이지 않아. 물에 녹은 물질은 무엇일까?

(2) 걸러져 나온 물은 투명했어. 어떤 물일까?

(3) 거름종이에 검은색 가루가 남아 있어. 이것은 무엇일까?

(4) 물을 증발시켰더니 흰색 가루가 남았어. 짠맛이 나. 이것은 무엇일까?

㉠ 물
㉡ 소금
㉢ 후추
㉣ 소금물
㉤ 후추물

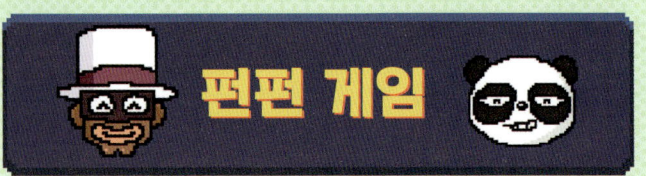

누군가 실험실 바닥에 글자가 적힌 공들을 퍼뜨려 놓았어.
아래의 장치에서 각 단계별로 분리되는 물질의 이름을 골라내면
남은 공에서 범인의 이름을 찾을 수 있어. 범인은 누구일까?

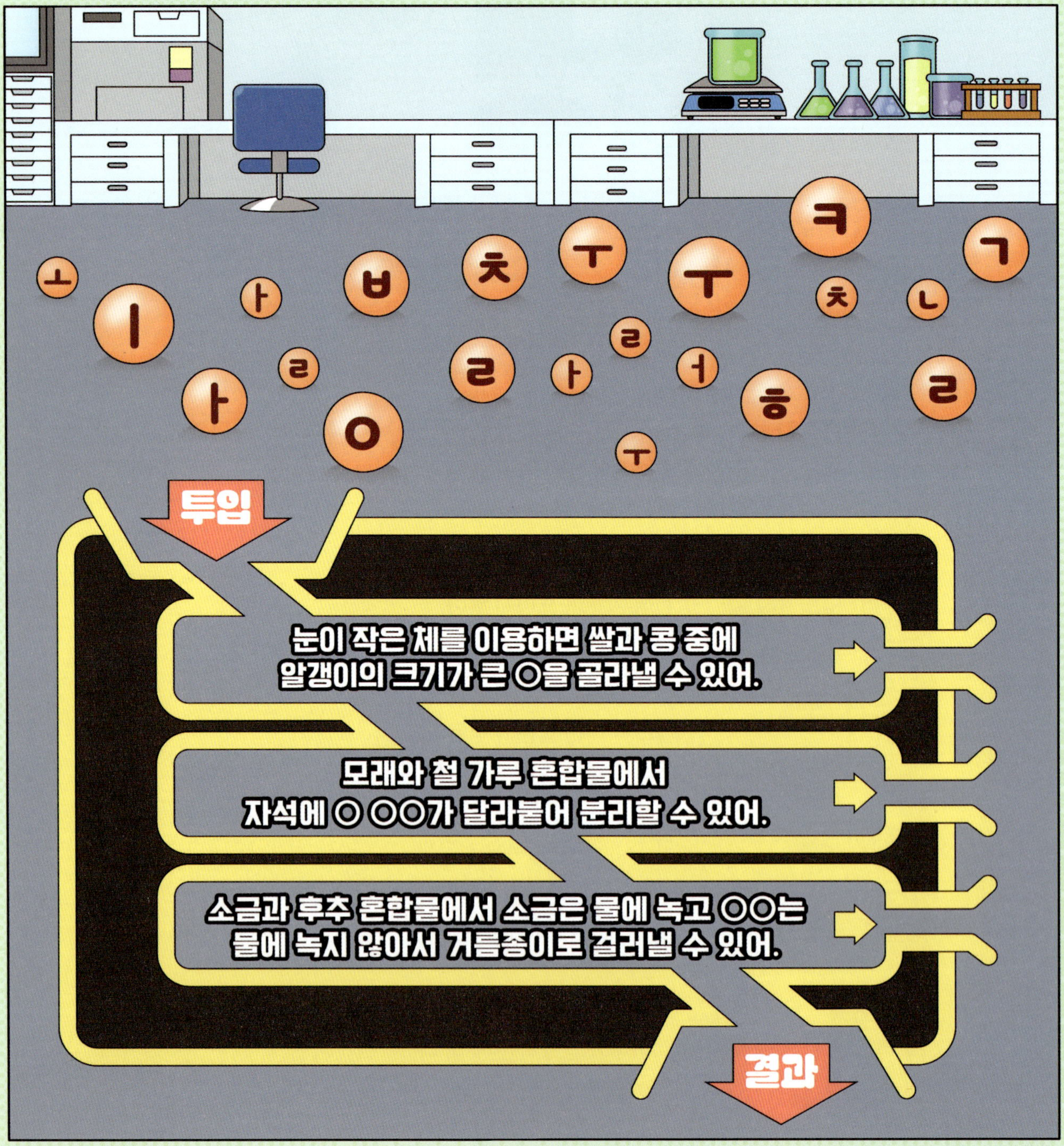

투입

눈이 작은 체를 이용하면 쌀과 콩 중에 알갱이의 크기가 큰 ○을 골라낼 수 있어.

모래와 철 가루 혼합물에서 자석에 ○ ○○가 달라붙어 분리할 수 있어.

소금과 후추 혼합물에서 소금은 물에 녹고 ○○는 물에 녹지 않아서 거름종이로 걸러낼 수 있어.

결과

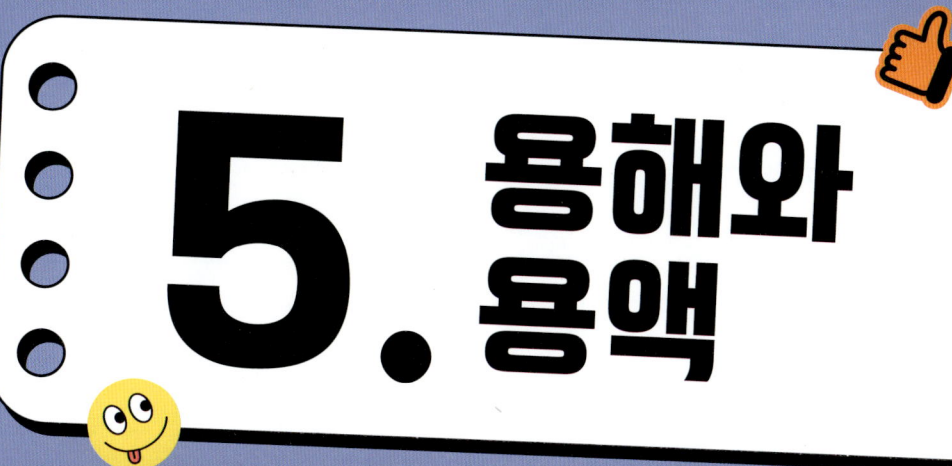

5. 용해와 용액

설탕은 용질, 물은 용매!

설탕물은 용액!

16 용해
사라진 몬스터

여러 가지 물질이 물을 만났을 때

여러 가지 물질을 물에 넣으면 물에 녹는 물질도 있고, 녹지 않는 물질도 있어. 같은 양의 물에 흰모래, 소금, 황설탕을 넣고 저은 다음, 5분 정도 지난 후에 비커 속을 보면 소금을 넣은 물과 황설탕을 넣은 물은 투명하고 물에 뜨거나 가라앉은 것이 없지만, 흰모래를 넣은 물은 흰모래가 바닥에 가라앉아 있어. 소금과 황설탕은 물에 녹았지만 흰모래는 물에 녹지 않은 거야.

용해, 용질, 용매, 용액

🔍 용해되면 용액이 만들어져

소금이나 설탕이 물에 녹는 것처럼 어떤 물질이 다른 물질에 녹아 골고루 섞이는 현상을 **용해**라고 해. 이때 소금이나 설탕처럼 물에 녹는 물질을 **용질**, 물처럼 녹이는 물질을 **용매**라고 해. 그리고 소금물처럼 녹는 물질이 녹이는 물질에 골고루 섞여 있는 물질을 **용액**이라고 해.

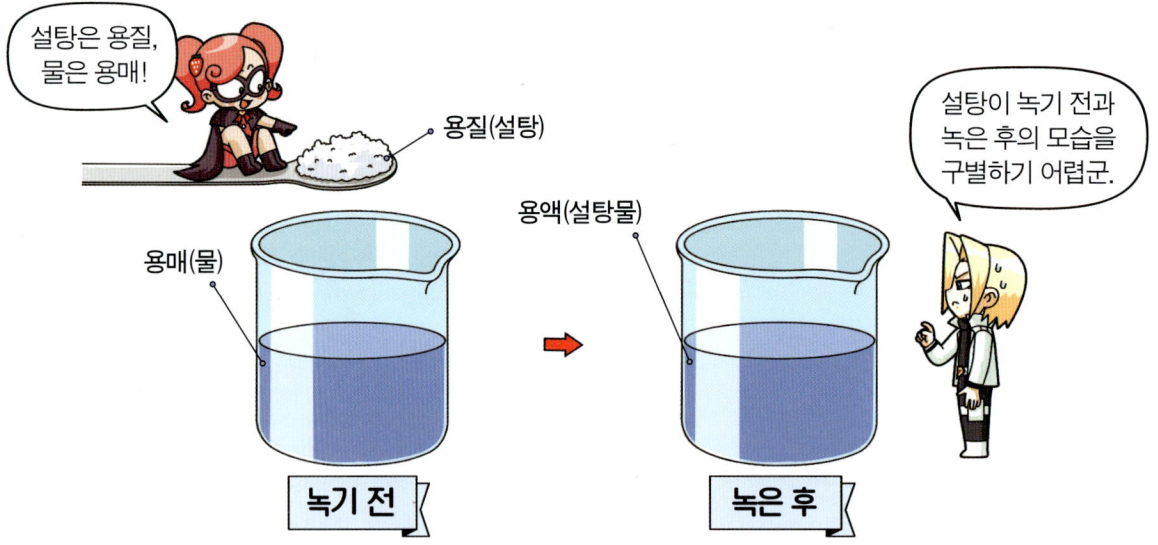

🔍 용해되면 작아져

각설탕이 물에 **용해되기 전**과 **용해된 후**의 **무게는 같아**. 물에 완전히 용해된 각설탕은 눈에 보이지는 않지만, 없어진 것이 아니라 매우 작게 변하여 물속에 골고루 섞여 있는 거야. 그래서 설탕물의 맛을 보면 설탕이 눈에 보이지 않아도 단맛을 느낄 수 있어.

17 물의 온도와 용해
슈가몬을 구하는 방법은?

물의 온도를 높였을 때

 따뜻한 물에 더 많이 녹아

같은 양의 물이라도 온도가 달라지면 녹는 용질의 양이 달라져. 대부분의 고체 용질은 차가운 물보다 따뜻한 물에서 더 많은 양이 용해돼. 같은 양의 물에 분말주스를 녹여 보면 물이 따뜻할수록 분말주스가 잘 녹는다는 것을 알 수 있어.

 녹지 않는 가루를 녹이려면?

물의 온도를 높이면 같은 양의 물에 용해할 수 있는 용질의 양이 많아지니까 컵을 전자레인지에 넣고 돌려 물의 온도를 높이면 컵 바닥에 가라앉았던 분말주스를 더 많이 용해할 수 있어.

물의 온도를 낮추었을 때

가루가 다시 나타나

반대로 따뜻한 용액의 온도를 낮추면 어떻게 될까? 따뜻한 물에 분말주스를 충분히 녹였다가 얼음물에 넣으면 분말주스 알갱이가 다시 생겨 바닥에 가라앉는 것을 볼 수 있어. 물에 녹아 보이지 않았던 분말주스가 물의 온도가 낮아지면서 다 용해되지 못하고 나와 가라앉은 거야.

용액으로 결정을 만들어

용액의 온도를 낮출 때 용액 속 용질이 다시 나타나는 현상을 이용하면 특별한 모양의 고체를 만들 수 있어. 특히 용액의 온도를 매우 천천히 낮추면서 증발도 천천히 일어나게 하면 입자들이 규칙적으로 배열하여 특이한 모양으로 나오는데, 이를 결정이라고 해. 결정의 모습은 물질마다 다르기 때문에 물질을 구분할 수 있는 특성이 될 수 있어.

 소금 결정

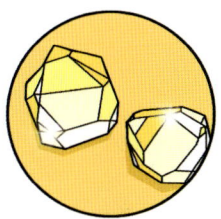 설탕 결정

 솜사탕 결정

 간장 결정

고체 물질을 물에 녹여 매우 진하게 만들어야 결정을 만들 수 있어.

우리가 알고 있는 다양한 보석과 광물도 자연에서 오랜 세월에 걸쳐 만들어진 결정이야.

한 꼭지 퀴즈

간식단이 분말주스를 물에 타서 음료를 만들었어.
이에 대한 설명으로 옳지 <u>않은</u> 것을 골라 봐.

① 분말주스는 뜨거운 물에 더 잘 녹아.
② 분말주스는 차가운 물에 더 잘 녹아.
③ 분말주스를 녹인 물을 가열하면 더 녹일 수 있어.
④ 분말주스를 녹인 물을 식히면 분말주스가 바닥에 가라앉아.

18 용질의 종류와 용매의 양
납치된 슈가몬

용질의 종류와 용해

같은 양의 용질을 물에 넣고 저어 주면 어떤 용질은 모두 용해되고, 어떤 용질은 용해되다가 더 이상 용해되지 않고 바닥에 가라앉아. 이처럼 온도와 양이 같은 물에 용해되는 용질의 양은 용질의 종류에 따라 달라.

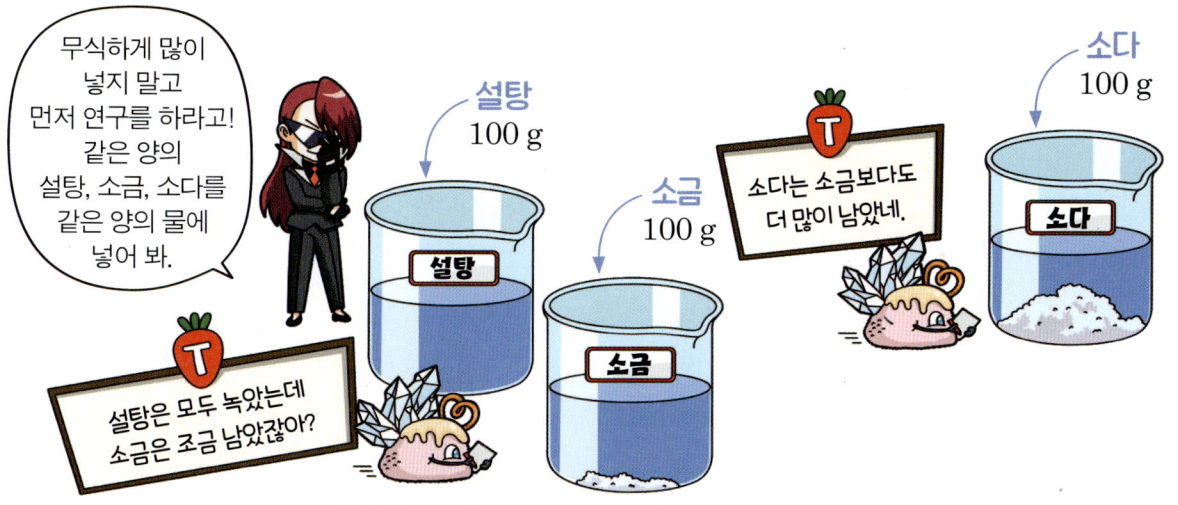

온도와 양이 같은 물에 용해되는 양 비교

용매의 양과 용해

같은 온도의 물에 더 많은 양의 용질을 녹이고 싶다면 어떻게 해야 할까? 그럴 때는 물의 양을 많게 하면 돼. 물의 양이 많아지면 더 많은 용질이 용해될 수 있어. 하지만 용매의 양이 늘어나도 일정한 양에 녹을 수 있는 용질의 양은 변하지 않아.

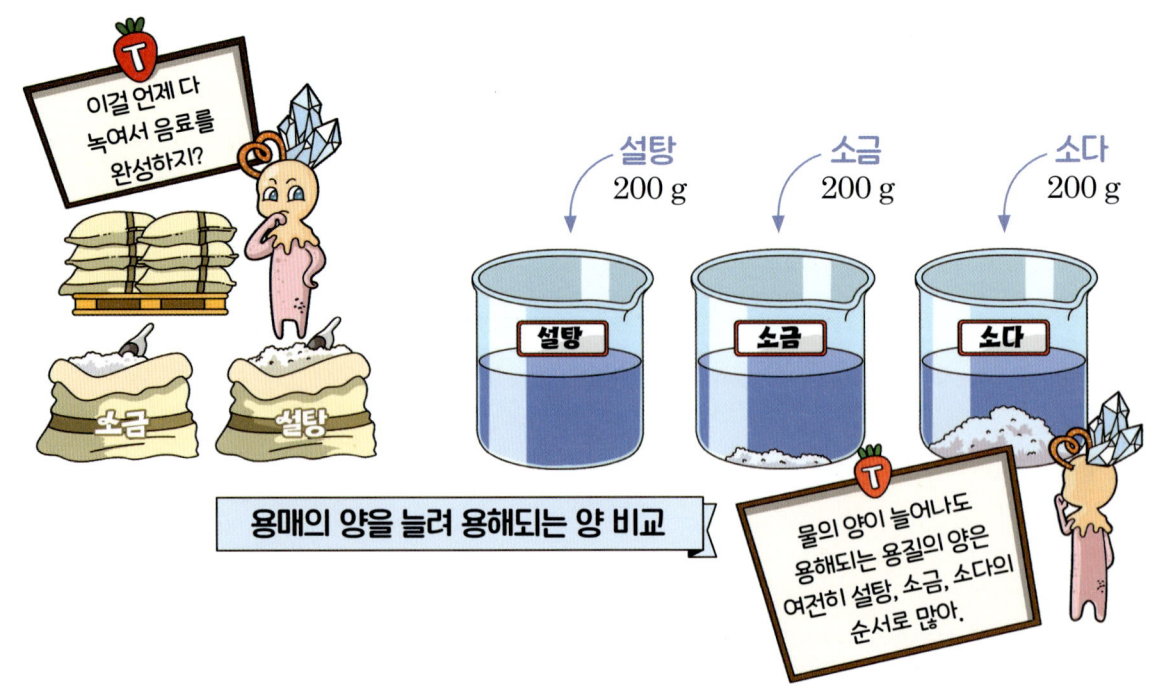

용매의 양을 늘려 용해되는 양 비교

한 꼭지 퀴즈

설탕, 소금, 소다를 녹일 때 물의 양을 늘리면 더 많이 녹을 수 있어. 이와 관련한 설명 중 옳은 것을 골라 봐.

① 소금은 물의 양과 상관없이 다 녹아.
② 물의 양을 늘려도 소금이 가장 잘 녹아.
③ 물의 양을 늘리면 소다가 가장 많이 녹아.
④ 물의 양을 늘려도 설탕이 가장 많이 녹아.

19 용액의 진하기
슈가몬의 자유를 위해

생활 속 용액

일상생활에서 우리는 다양한 용액을 사용해. 탄산음료, 커피 등의 음료수부터 화장품, 세제, 약 등 매우 다양한 용액이 있어.

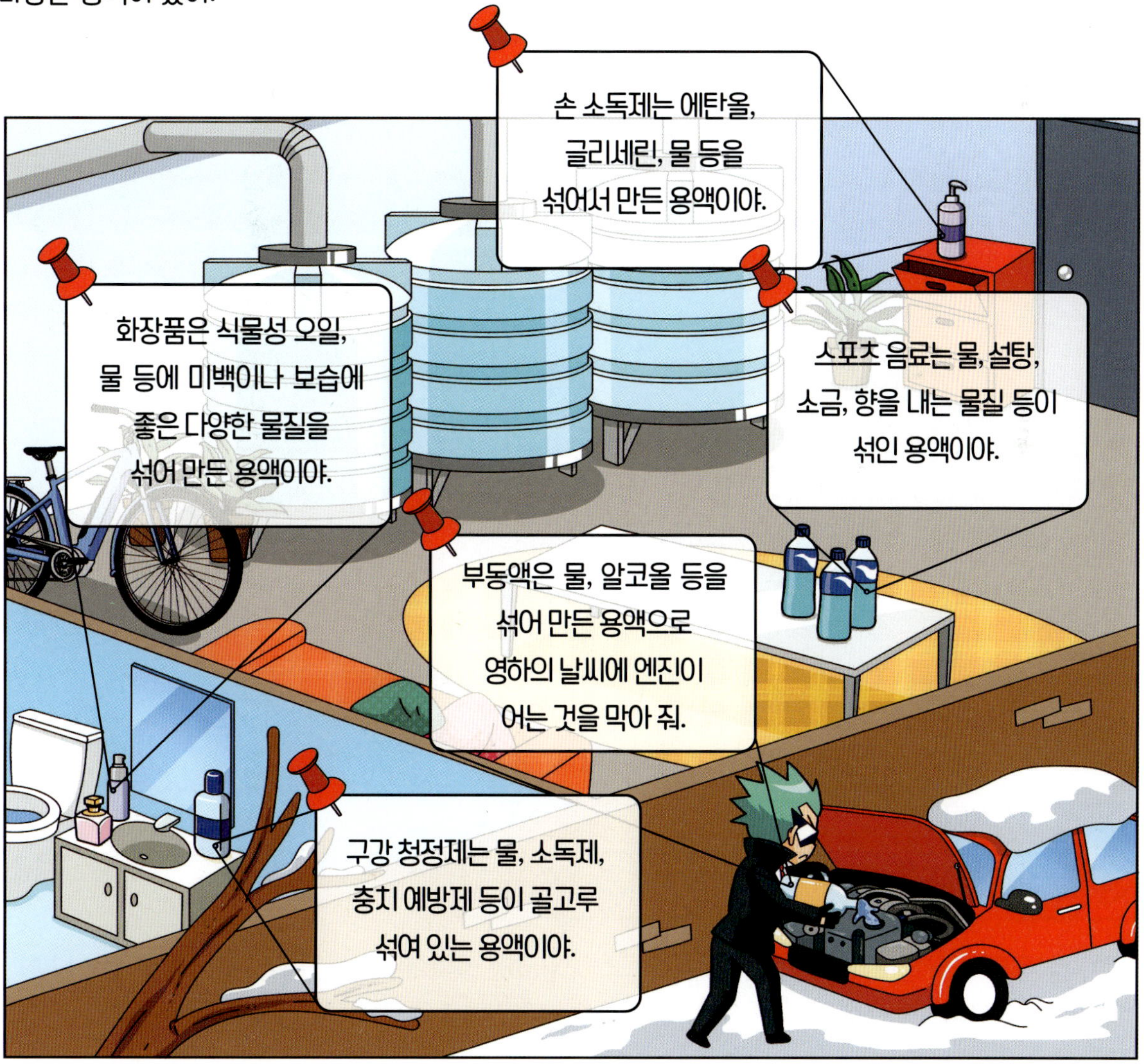

손 소독제는 에탄올, 글리세린, 물 등을 섞어서 만든 용액이야.

화장품은 식물성 오일, 물 등에 미백이나 보습에 좋은 다양한 물질을 섞어 만든 용액이야.

스포츠 음료는 물, 설탕, 소금, 향을 내는 물질 등이 섞인 용액이야.

부동액은 물, 알코올 등을 섞어 만든 용액으로 영하의 날씨에 엔진이 어는 것을 막아 줘.

구강 청정제는 물, 소독제, 충치 예방제 등이 골고루 섞여 있는 용액이야.

설탕 용액의 진하기 비교

🔍 용액의 진하기란?

같은 양의 용매에 용해된 용질의 양이 많고 적은 정도를 **용액의 진하기**라고 해. 예를 들어 용매의 양이 같을 때 용해된 용질의 양이 많을수록 진한 용액이야. 색깔, 맛, 무게, 부피 등과 같은 겉보기 성질을 이용해 용액의 진하기를 비교할 수 있어.

🔍 용액이 진하면 물체가 뜰 수 있어

맛을 볼 수 없거나, 겉보기 성질로 진하기를 비교하기 어려운 용액의 진하기는 어떻게 비교할 수 있을까? 그럴 때는 용액에 방울토마토나 달걀과 같이 용액의 진하기에 따라 뜨고 가라앉을 수 있는 물체를 넣어 비교할 수 있어. 용액이 진할수록 물체가 높이 떠오르거든!

한 꼭지 퀴즈

슈가몬은 방울토마토가 뜨는 정도를 이용해 용액의 진하기를 비교했어. 이와 같은 방법으로 용액의 진하기를 확인하는 경우가 <u>아닌</u> 것을 골라 봐.

① 간장을 담글 때, 달걀을 띄워 소금물의 진하기를 확인해.

② 용액의 진하기를 확인할 때 메추리알을 넣어서 뜨는 정도를 비교해.

③ 레모네이드를 만들 때 레몬 조각을 넣어.

용해와 용액

1. 용해

- 용질이 용매에 녹아 골고루 섞이는 현상을 용해라고 해.
- 용질이 물에 용해되기 전과 용해된 후의 무게는 같아.

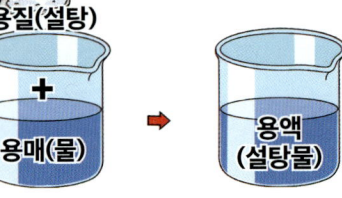

2. 물의 온도와 용해

- 물의 양이 같을 때 물의 온도에 따라 용질이 용해되는 양이 달라.
- 대부분 물의 온도가 높을수록 더 많이 용해돼.

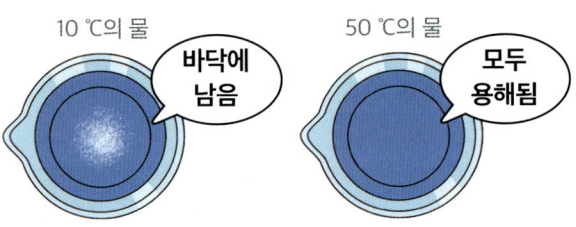

<온도가 다른 물 50 mL에 소다를 20 g 녹일 때>

3. 용질의 종류와 용매의 양에 따른 용해

- 용질에 따라 같은 온도와 양의 물에 용해되는 양이 달라.

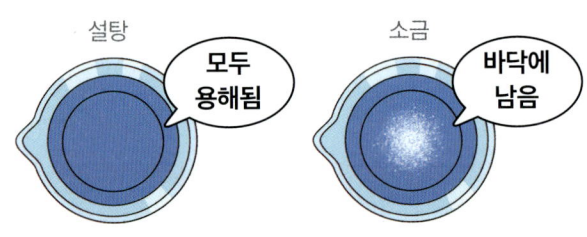

<20 ℃의 물 50 mL에 용질을 25 g씩 녹일 때>

4. 용액의 진하기

- 같은 양의 용매에 용해된 용질의 많고 적은 정도를 용액의 진하기라고 해.
- 용액의 색깔, 맛, 무게, 양 등으로 진하기를 비교할 수 있고, 물체가 뜨는 높이로도 비교할 수도 있어.

용액이 진할수록 색깔이 진해.

용액이 진할수록 물체가 높이 떠올라.

음식 맛의 비결은 용해!

호기심 백과

우리가 즐겨 먹는 음료나 요리에는 다양한 재료들이 섞여 있거나 녹아 다양한 맛을 내. 어떤 물질이 녹아 있는지 함께 알아보자.

톡 쏘는 탄산음료
탄산음료에는 톡 쏘는 맛을 내는 이산화 탄소가 녹아 있어. 톡 쏘는 맛을 좋아한다면 차가운 탄산음료를 먹는 게 좋아. 이산화 탄소 같은 기체는 물이 차가울수록 더 많이 녹거든.

매운 음식에 들어가는 고추기름
마라탕이나 육개장처럼 매운 국물 음식에 들어가는 빨간 고추기름은 고춧가루를 기름에 녹여 만들어. 고춧가루 속 매운맛을 내는 캡사이신이 기름에 잘 녹거든.

새콤달콤한 탕후루
새콤한 과일에 설탕을 코팅한 생과일 사탕 탕후루. 탕후루를 만들기 위해선 물과 설탕을 1 : 2 비율로 맞춘 후 냄비나 전자레인지로 열을 가해 설탕을 완전히 녹여 줘야 해. 만약 이보다 설탕이 더 적거나 많으면 시럽이 잘 굳지 않거나 너무 빨리 굳어 버리지.

1. 다음 빈칸에 들어갈 알맞은 용어를 보기에서 찾아서 적어 줘.

<보기>
용해, 용매, 용질, 용액

㉠ 소금(   )   +   ㉡ 물(   )   →   ㉢ 소금물(   )

2. 초코가 같은 양의 물이 담긴 컵 중 어느 컵에 설탕을 넣었는지 모르겠대. 어떻게 하면 설탕을 넣은 컵을 알 수 있을까?

답:

① 컵을 만졌을 때 따듯한 컵이 설탕을 넣은 컵이야.
② 무게를 측정했을 때 가장 무거운 컵이 설탕을 넣은 컵이야.
③ 얼음을 넣었을 때 얼음이 뜨는 컵이 설탕을 넣은 컵이야.
④ 컵에 든 물을 저었을 때 뿌옇게 흐려지는 컵이 설탕을 넣은 컵이야.

3. 아래의 병에 담긴 물질이 무엇인지 실험 결과를 보고 적어 줘.
(단, 물에 잘 녹는 순서는 설탕>소금>소다 순이야.)

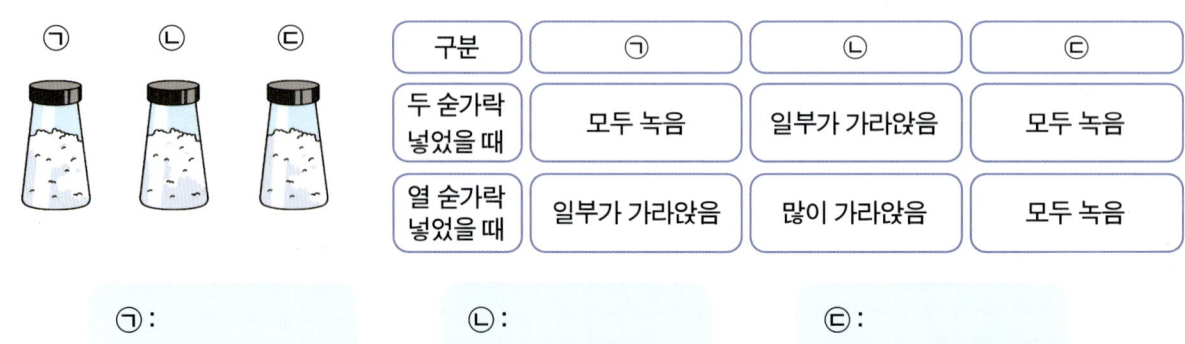

구분	㉠	㉡	㉢
두 숟가락 넣었을 때	모두 녹음	일부가 가라앉음	모두 녹음
열 숟가락 넣었을 때	일부가 가라앉음	많이 가라앉음	모두 녹음

㉠:   ㉡:   ㉢:

4 코코아 가루를 다 녹일 수 있는 방법에 대해 옳게 이야기하는 친구는 누구일까?

답:

5 간식단 친구들이 물에 소금을 녹여 용액을 만들었어.
여기에 방울토마토를 띄우면 어떤 결과가 나올지 옳게 연결해 봐.

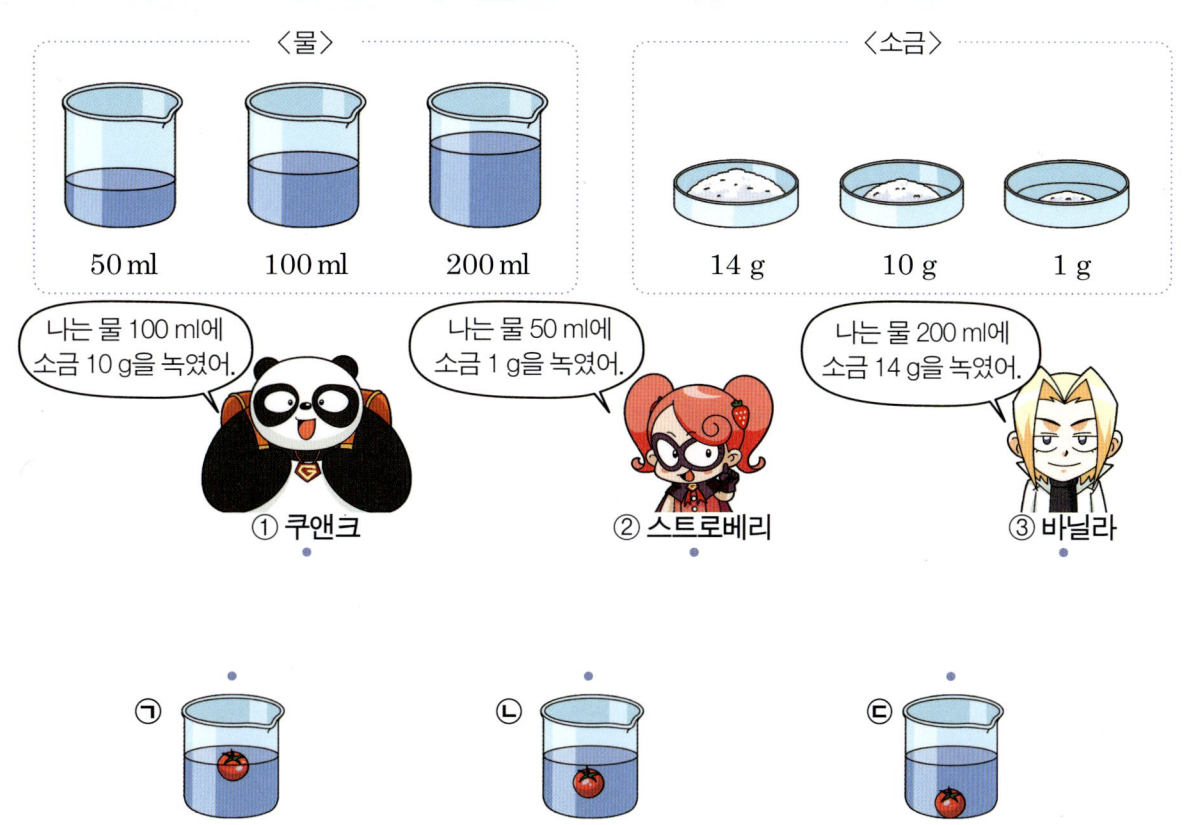

슈가몬이 스파이시 클럽의 사원증을 아래 네 개의 통 중 하나에 숨겨 놓고 탈출했어.
사원증은 어디에 숨겼을까?

탈출을 꿈꾸는 슈가몬의 하루 일과

오전 9시	스파이시 간식 연구소로 출근
오전 12시	탈출 계획을 짜기 위해 출입금지 구역 염탐하기
오후 1시	물 마시기. 수분 충전!
오후 3시	창고에 가서 재료 가져오기
오후 4시	식당에서 개발 음료 시음
오후 5시	몬스터 전용 음료 개발
오후 6시	다른 회사 판매 실적 조사하기
오후 8시	내일 보안 담당자는 누구인지 미리 알아 두기
오후 10시	퇴근은 대체 언제 하지?

시간에 딱 맞춰 하는 게 중요해!

6. 여러 가지 기체

오! 향불이 엄청 커졌어. 이게 산소의 힘이구나!

20 산소의 성질과 이용
촛불을 켜면 나타나는 몬스터

산소의 성질

산소는 공기를 이루는 기체 중에 약 20 %를 차지할 뿐이지만 지구에서 살아가는 생물들에게 꼭 필요해.

산소는 색깔과 냄새가 없지만 깎아 놓은 과일을 갈색으로 변하게 하거나, 철이나 구리 같은 금속을 녹슬게 하는 성질이 있어. 또 산소는 스스로 타지 않지만 다른 물질이 타는 것을 도와주지.

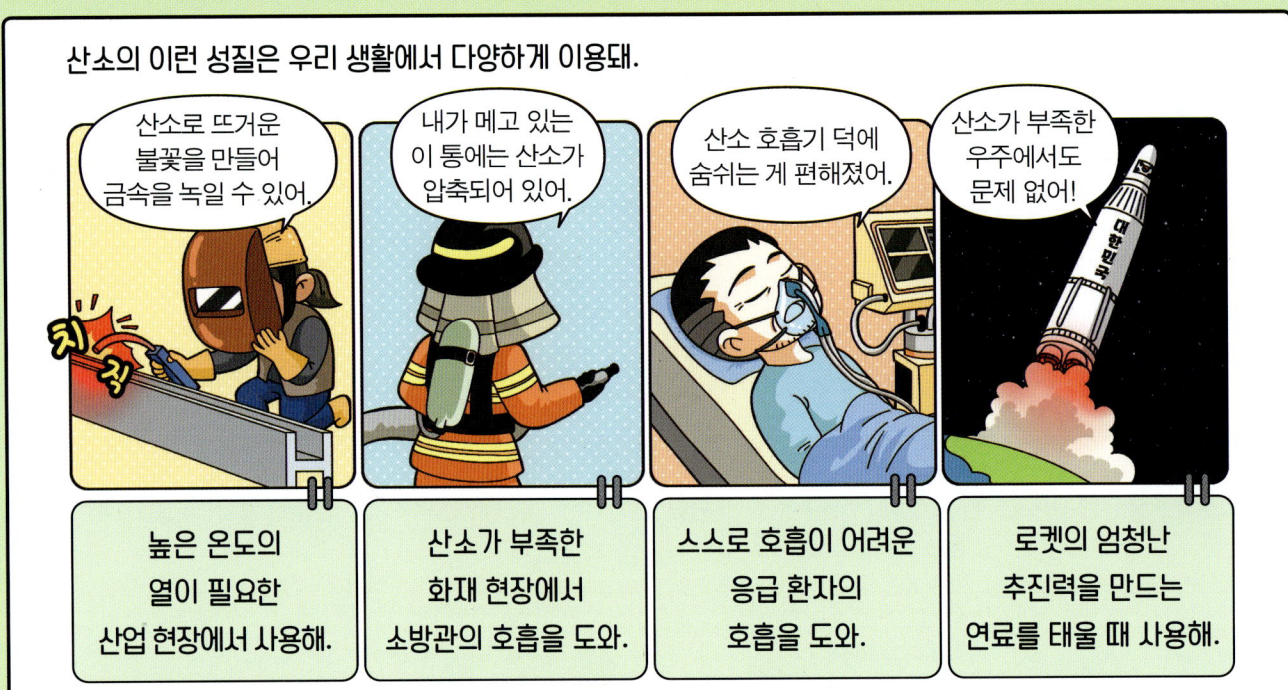

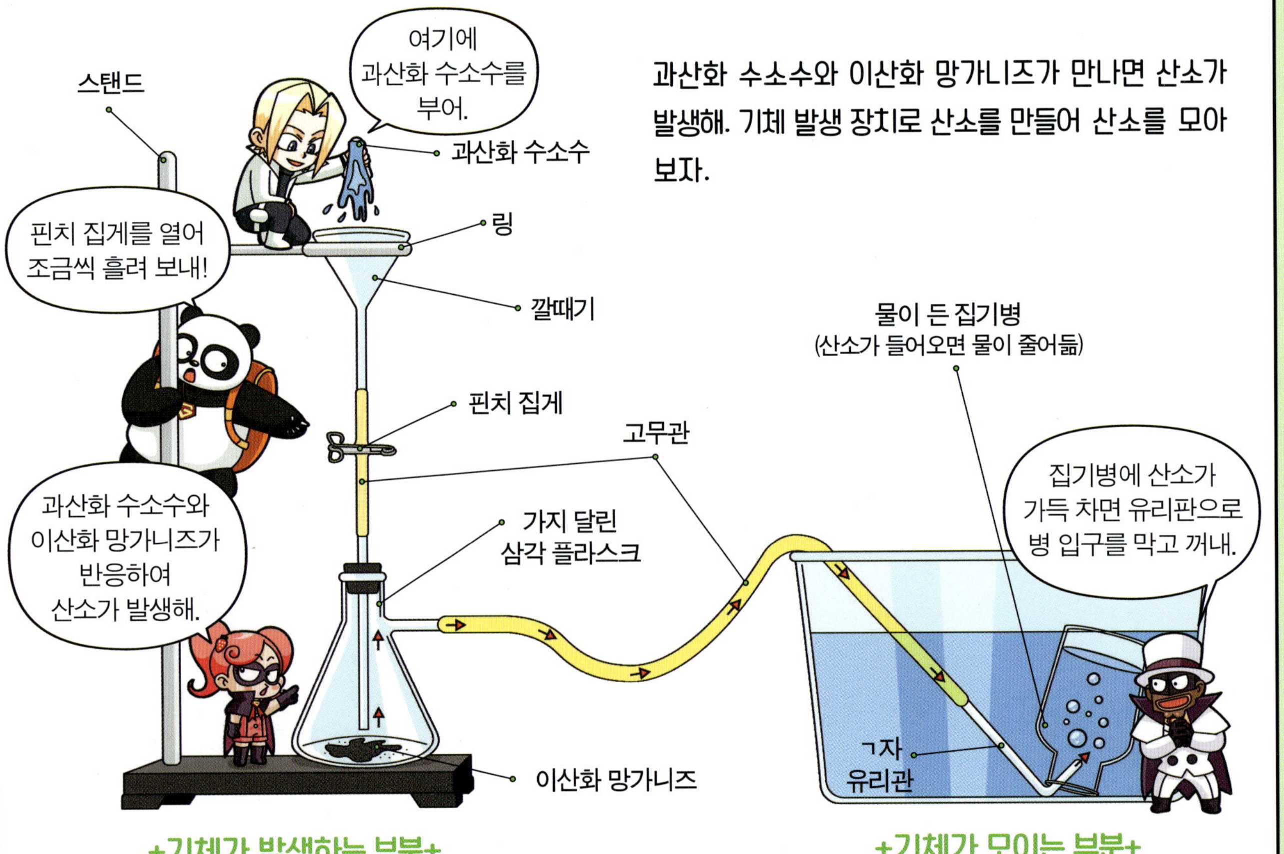

산소는 다른 물질이 타는 것을 도와주는 성질이 있기 때문에 산소가 든 집기병 안에 꺼져 가는 불씨를 넣으면 불길이 크게 되살아나는 것을 볼 수 있어.

한 꼭지 퀴즈

우리 주변에서 산소가 이롭게 이용되고 있는 경우가 <u>아닌</u> 것은 무엇일까?

① 용접   ② 녹슨 난간   ③ 스쿠버 다이빙

21 이산화 탄소의 성질과 이용
내가 기체를 모아 줄게

이산화 탄소의 성질

이산화 탄소는 색깔과 냄새가 없고, 물질이 타는 것을 막는 성질이 있어서 우리 생활에서 많이 이용하고 있어.

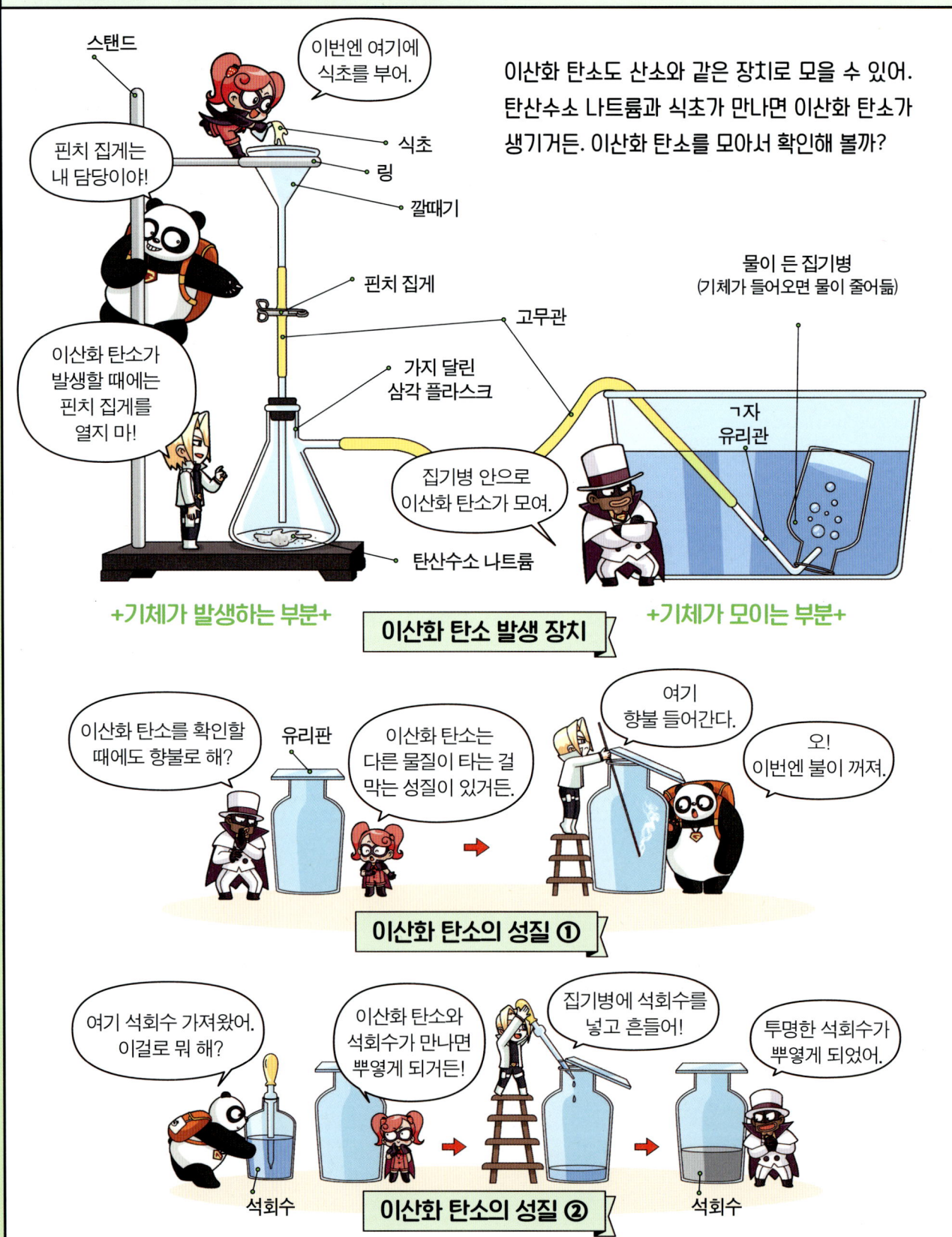

공기를 이루는 여러 가지 기체

공기는 대부분 질소와 산소로 이루어져 있고, 이 밖에도 아르곤, 수소, 네온, 헬륨, 이산화 탄소 등 여러 가지 기체가 고유한 성질을 유지한 채 섞여 있는 혼합물이야.

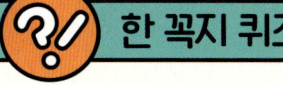 한 꼭지 퀴즈

깨비몬이 모은 이산화 탄소에 대한 설명 중 옳지 않은 내용은?

① 탄산수소 나트륨에 식초를 섞어 이산화 탄소 기체를 만들 수도 있어.

② 이산화 탄소 기체에서는 독특한 냄새가 나.

③ 이산화 탄소 기체에 향불을 넣으면 향불이 꺼져.

④ 석회수에 넣으면 석회수가 뿌옇게 흐려져.

1진화
깨비몬

공기 중에서 한 종류의 기체를 선택해 모을 수 있다.

22 압력에 따른 기체의 부피 변화
화가 난 깨비몬

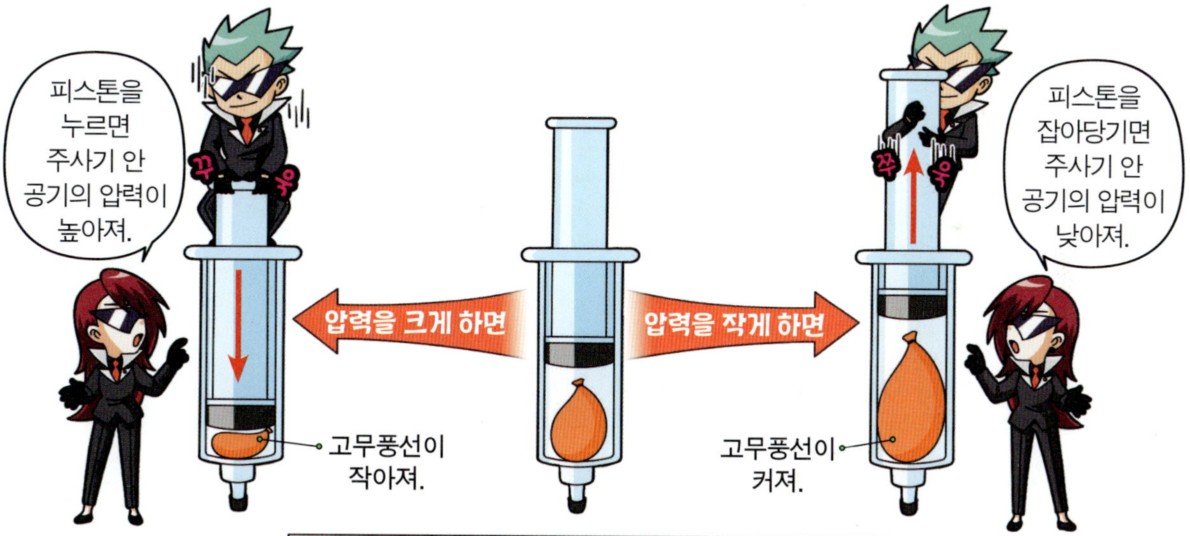

생활 속 기체의 압력과 부피의 관계

압력에 따라 기체의 부피가 달라지는 현상은 생활 속에서 다양하게 볼 수 있어.

한 꼭지 퀴즈

다음 중 압력에 따른 기체의 부피 변화와 관련이 없는 내용을 말한 친구는 누구일까?

①  땅에서 홀쭉했던 과자 봉지가 하늘 위에서 빵빵하게 부풀었어.

②  공기 주머니가 든 신발을 신고 높이 뛰었다가 떨어지면 공기 주머니가 찌그러져.

③  잠수부가 내뿜은 공기 방울이 수면으로 떠오르면서 크기가 커져.

④  빵집 근처에 가면 빵 냄새가 더 진하게 나.

2진화
깨비몬

공기의 압력을 조절해 공기 대포를 쏠 수 있다.

23 온도에 따른 기체의 부피 변화
깨비몬의 성장

기체의 온도와 부피의 관계

기체는 온도에 따라 부피가 달라져. 온도가 높아지면 기체의 부피는 커지고, 온도가 낮아지면 기체의 부피는 작아져.

온도 변화에 따른 기체의 부피 변화

생활 속 기체의 온도와 부피의 관계

한 꼭지 퀴즈

기체의 온도가 변해 부피가 변하는 경우가 아닌 것은 무엇일까?

① 산 위에서 분 풍선을 아래로 가져 오면 풍선이 줄어들어.

② 뜨거운 음식을 랩으로 덮은 후 식히면 랩이 오목하게 들어가.

③ 여름에는 팽팽하던 타이어가 겨울에 찌그러져.

④ 찌그러진 탁구공을 뜨거운 물에 넣으면 펴져.

3진화 **깨비몬**

기체의 온도를 변화시켜 부피를 조절할 수 있다.

여러 가지 기체

1. 산소의 성질과 이용

| 산소의 성질 | - 색깔과 냄새가 없어.
- 다른 물질이 타는 것을 도와줘.
- 과일을 갈색으로 변하게 해.
- 철과 같은 금속을 녹슬게 해. |

산소의 이용

  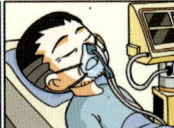 

산업 현장   산소통   산소 호흡기   로켓 연료

2. 이산화 탄소의 성질과 이용

| 이산화 탄소의 성질 | - 색깔과 냄새가 없어.
- 물질이 타는 것을 막아.
- 석회수와 만나 석회수를 뿌옇게 만들어. |

이산화 탄소의 이용

   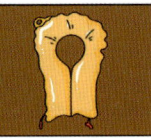

소화기   탄산음료   드라이아이스   자동 팽창식 구명조끼

3. 압력과 온도에 따른 기체의 부피

기체의 압력과 부피

기체에 가하는 압력이 커지면 기체의 부피가 줄어들고, 압력이 작아지면 기체의 부피가 늘어나.

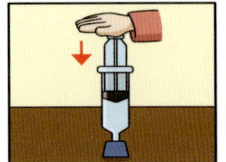 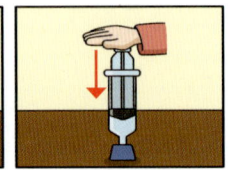

압력이 낮을 때   압력이 높을 때

기체의 온도와 부피

기체의 온도가 높아지면 기체의 부피가 커지고, 온도가 낮아지면 기체의 부피는 작아져.

온도가 낮을 때   온도가 높을 때

우리 몸에도 이산화 탄소가 필요해!

탄산음료, 소화기 등 일상생활에서 유용하게 사용되는 이산화 탄소가 우리 몸에도 꼭 필요하다는 걸 아니? 우리 몸속으로 들어온 이산화 탄소는 혈액에 녹아 몸 곳곳으로 운반되어 긴장한 신경과 근육을 풀어 주고, 통증을 감소시켜.

혈액 속 이산화 탄소의 양이 줄어드는 경우

혈액 속 이산화 탄소의 양이 줄어들면 몸속 균형이 깨져 심한 경우 뇌와 심장 등 주요 장기의 기능이 떨어지기도 해. 반대로 혈액 속 이산화 탄소의 양이 너무 많아져도 문제야.

1986년 카메룬 니오스호 주변에 거주하던 주민 1,746명이 집단으로 사망하는 참사가 발생했는데, 사망 원인은 호수 깊은 곳에 갇혀 있던 엄청난 양의 이산화 탄소가 한밤중에 분출하여 마을로 퍼졌기 때문이야. 자연에서 이산화 탄소는 공기 중에 0.03 % 정도 존재하는데, 이산화 탄소의 양이 이보다 훨씬 높은 5 % 이상 되면 사람은 호흡 곤란으로 사망에 이르게 돼.

도전! 과학 영재반

1 바닐라의 설명 중 빈칸에 들어갈 알맞은 기체 이름을 적어 줘.

㉠:   ㉡:

이산화 망가니즈가 들어 있는 삼각 플라스크에 과산화 수소수를 넣으면 발생하는 기체는 (㉠)야.
탄산수소 나트륨이 들어 있는 삼각 플라스크에 식초를 넣으면 발생하는 기체는 (㉡)야.

2 여러 가지 기체를 모아 둔 병들이 섞여 버렸어. 이산화 탄소가 들어 있는 병을 찾을 수 있는 방법을 이야기한 친구는 누구일까?

답:

① 스트로베리 - 물을 넣을 거야.
② 바닐라 - 석회수를 부을 거야.
③ 초코 - 새 성냥개비를 넣어야지.
④ 쿠앤크 - 색을 보면 바로 알 수 있지.

3 우리 생활에 사용되는 여러 가지 기체에 대한 내용 중 옳지 <u>않은</u> 이야기를 한 친구는 누구일까?

답:

① 깨비몬, 공중에 뜨는 풍선을 만들어야 하니 헬륨을 모아 줘.
② 내 방에 독특한 조명을 달고 싶어. 네온을 사용한 조명을 달아 볼까?
③ 내가 얼마 전에 차를 샀는데 연료로 수소를 사용해. 환경에도 좋대.
④ 과자 봉지에 이산화 탄소를 가득 채워 포장하는 일을 하고 있어.

4 산소와 이산화 탄소의 성질을 적어 놓은 종이가 마구 뒤섞였어. 기체의 성질에 맞게 분류해 줘.

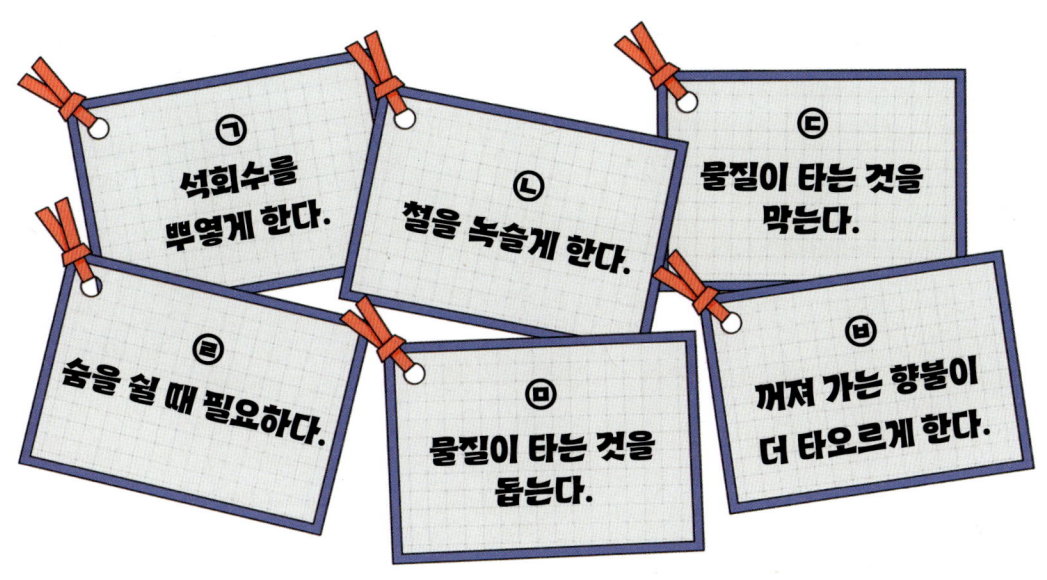

㉠ 석회수를 뿌옇게 한다.
㉡ 철을 녹슬게 한다.
㉢ 물질이 타는 것을 막는다.
㉣ 숨을 쉴 때 필요하다.
㉤ 물질이 타는 것을 돕는다.
㉥ 꺼져 가는 향불이 더 타오르게 한다.

(1) 산소의 성질 : _____

(2) 이산화 탄소의 성질 : _____

5 어느 페트병의 일기야. 일기의 (　　) 안에 들어갈 말로 알맞은 말에 O표 해보자.

오늘 나는 바닐라와 함께 비행기를 탔다. 비행기가 이륙해서 높이 올라갈수록 내 몸이 점점 ㉠(부풀어 올랐다. / 찌그러졌다.)
조금 무섭기도 했지만 신나는 경험이었다. 높이 올라갈수록 주변 압력이 ㉡(낮아 / 높아)지면서 내 속의 기체 부피가 커져서 그런 거라고 한다. 집에 돌아와서 바닐라는 나를 냉장고에 넣었다. 냉장고 안에서 쉬고 있으니까 몸이 점점 ㉢(부풀어 올랐다. / 찌그러졌다.)
온도가 ㉣(낮아 / 높아)지면서 내 속의 기체 부피가 작아진 거다.
그래도 시원해서 기분은 좋았다.

깨비몬이 성냥개비로 수수께끼를 만들었어.
빈칸에 들어갈 알맞은 모양은 무엇일까?
(힌트: 성냥개비가 2개 이상 맞닿는 곳을 집중해서 봐!)

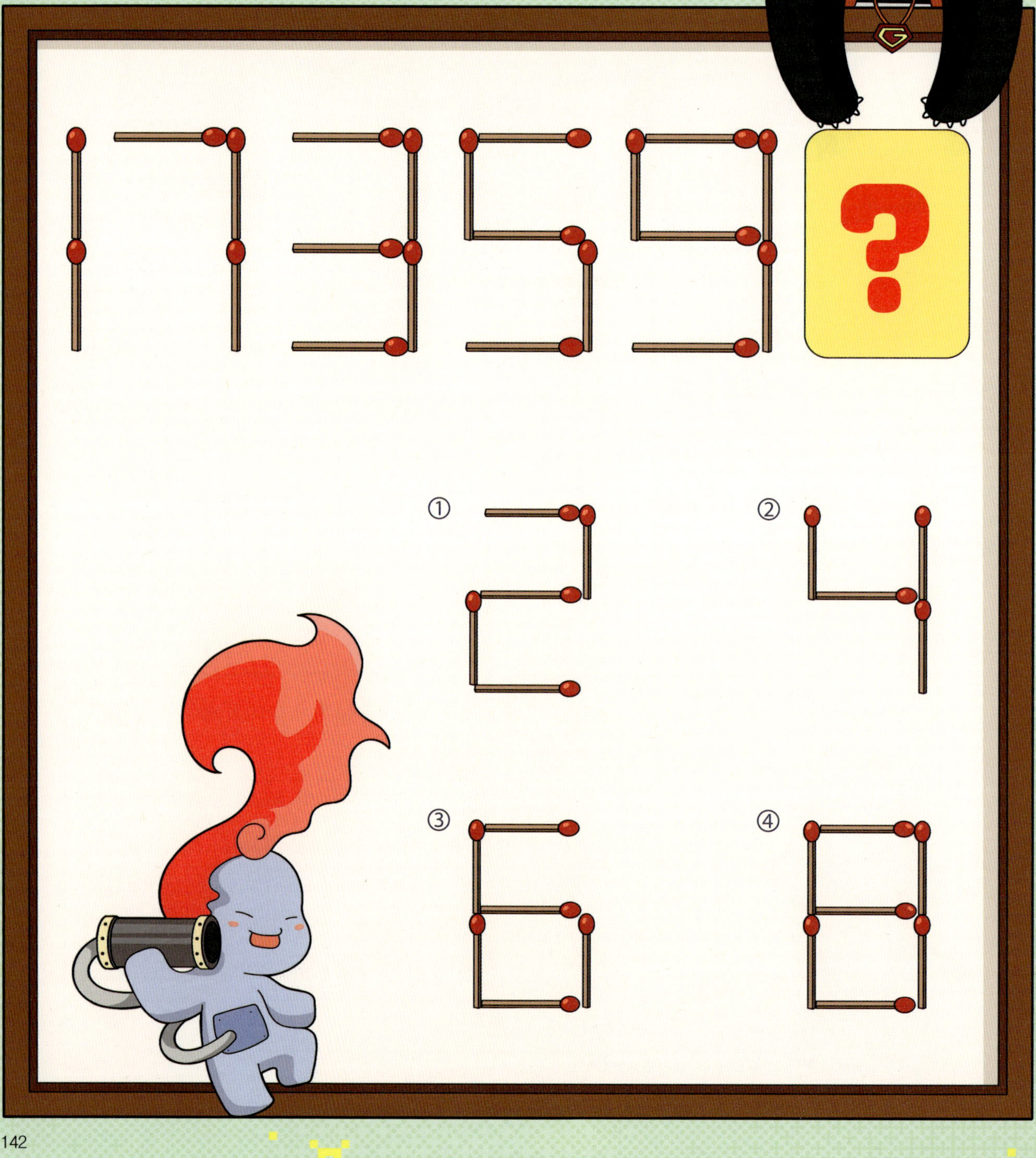

1 7 3 5 9 ?

① 2　② 4
③ 6　④ 8

7. 산과 염기

무슨 기준으로 나눈 거야?

24 용액의 분류
간식단에게도 연구실이 생기다

여러 가지 용액의 분류

가게에는 다양한 용액이 용도와 종류별로 정리되어 있어 필요한 용액을 쉽게 찾을 수 있어. 우리 주변의 여러 가지 용액을 관찰하여 기준을 세워 분류해 보자.

지시약을 이용한 용액의 분류

용액은 겉으로 보이는 성질만으로는 구분하기 어려워. 이럴 때에는 지시약을 이용해 용액을 분류해야 돼. **지시약**은 용액의 성질에 따라 색깔 변화가 나타나는 물질이야. 지시약을 이용하면 용액을 **산성, 중성, 염기성**으로 분류할 수 있어.

리트머스 종이로 분류하기

페놀프탈레인 용액으로 분류하기

천연 지시약을 이용한 용액의 분류

지시약은 붉은 양배추, 검은콩, 비트, 포도, 나팔꽃 등과 같은 재료를 이용해 만들 수도 있어. 이 중 붉은 양배추로 지시약을 만들어 산성 용액과 염기성 용액을 분류해 보자.

산성 용액에서는 붉은색 계열의 색깔로 변해.

염기성 용액에서는 푸른색이나 노란색 계열의 색깔로 변해.

 **한 꼭지 퀴즈**

간식단이 전문가의 조언에 따라 붉은 양배추 지시약을 만들어 용액을 분류했어. 이 중 나머지 용액들과 성질이 <u>다른</u> 것을 골라 봐.

① 레몬즙
② 하수구 세정제
③ 빨랫비누 물
④ 제빵 소다 녹인 물

25 용액의 성질
전문가의 정체는?

산성과 염기성

용액은 겉으로 보이는 성질 외에도 여러 가지 성질이 있어. 산성 용액과 염기성 용액은 어떤 성질이 있는지 여러 가지 물질을 넣어 가며 비교해 보자.

산성 용액의 성질

묽은 염산

산성 용액에 달걀 껍데기, 대리암 조각, 금속 조각을 넣으면 거품이 발생하면서 녹아.

염기성 용액의 성질

묽은 수산화 나트륨 용액

염기성 용액에 삶은 달걀 흰자, 두부를 넣으면 녹아서 흐물흐물해져.

산성 용액과 염기성 용액을 섞으면

산성 용액에 염기성 용액을 섞었을 때 붉은 양배추 지시약의 색 변화

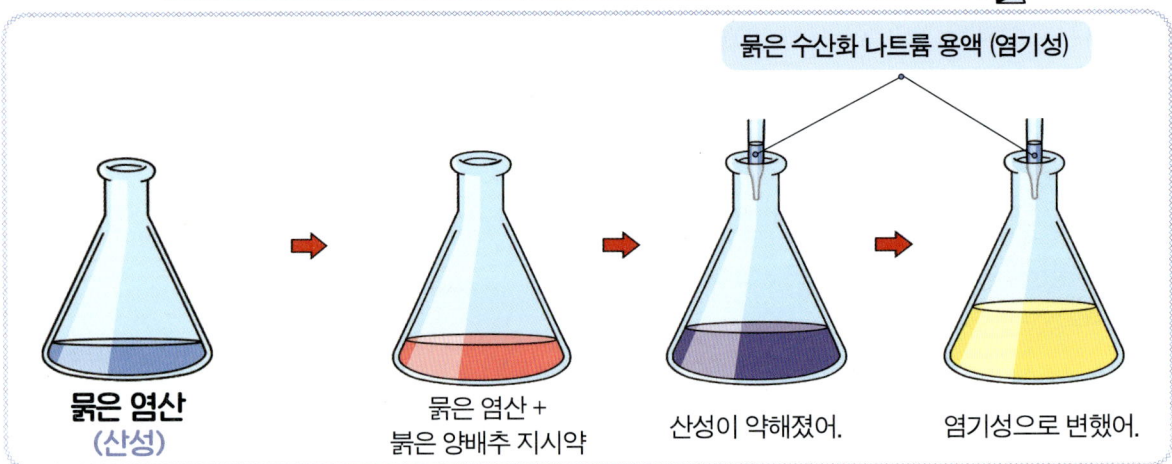

산성 용액에 염기성 용액을 계속 넣으면 산성이 점점 약해지다가 염기성으로 돼.

염기성 용액에 산성 용액을 섞었을 때 붉은 양배추 지시약의 색 변화

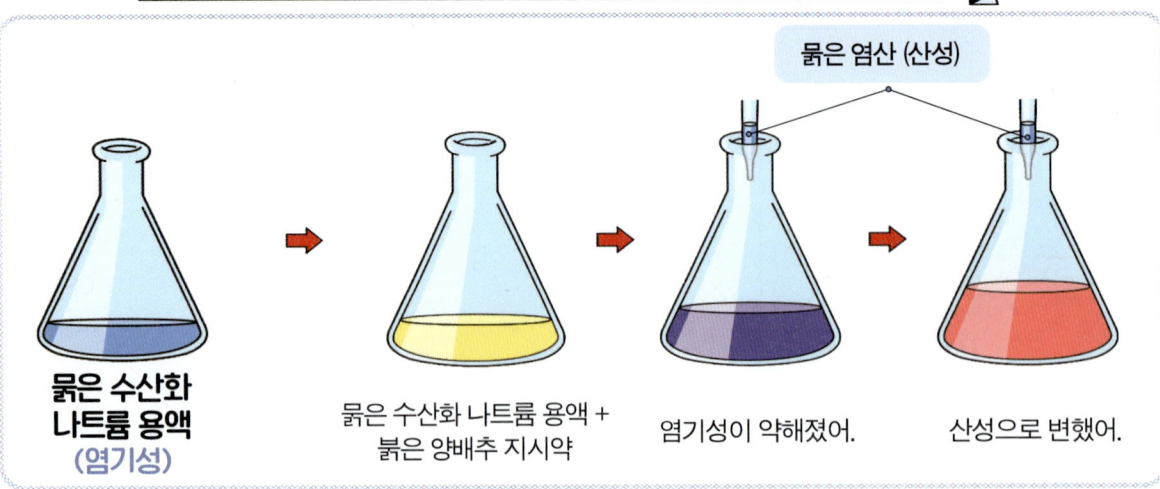

반대로 염기성 용액에 산성 용액을 계속 넣으면 산성이 돼.

이렇게 용액 속에서 산성을 나타내는 물질과 염기성을 나타내는 물질이 만나면 서로의 성질을 변하게 해.

그래서 염산처럼 강한 산성을 띠는 액체가 새어 나오는 사고가 발생하면 염기성을 띤 물질을 뿌려 산성을 약하게 해. 이 외에도 산성을 띠는 신김치에 제빵 소다를 넣어 신맛을 줄이기도 하지.

한 꼭지 퀴즈

칼리몬이 가르쳐 준 산성 용액과 염기성 용액에 대한 설명이야. 옳지 <u>않은</u> 내용을 말한 친구는 누구일까?

① 산성 용액은 달걀 껍데기를 녹일 수 있어.
② 산성 용액에 금속 조각을 넣으면 기포가 생겨.
③ 염기성 용액에서 두부는 흐물흐물해져.
④ 산성 용액과 염기성 용액은 서로 섞이지 않아.

1진화
칼리몬
물을 산성이나 염기성으로 만들 수 있다.

26 생활 속 산과 염기
이걸 어디에 이용하지?

산성 용액의 이용

우리는 생활 속에서 산성 용액을 다양하게 이용하고 있어. 생선을 손질한 도마의 비린내를 산성 물질인 식초로 제거하기도 하고, 변기를 청소할 때 산성 물질인 변기용 세제로 청소해.

생선 비린내와 식초, 레몬즙

물때와 구연산

피지와 화장수

염기성 용액의 이용

염기성 용액도 생활 속에서 다양하게 이용되고 있어. 머리카락으로 막힌 하수구에 단백질을 녹이는 염기성 물질인 하수구 청소제를 부어 뚫기도 하고, 속이 쓰릴 때 제산제를 먹어 치료하기도 하지.

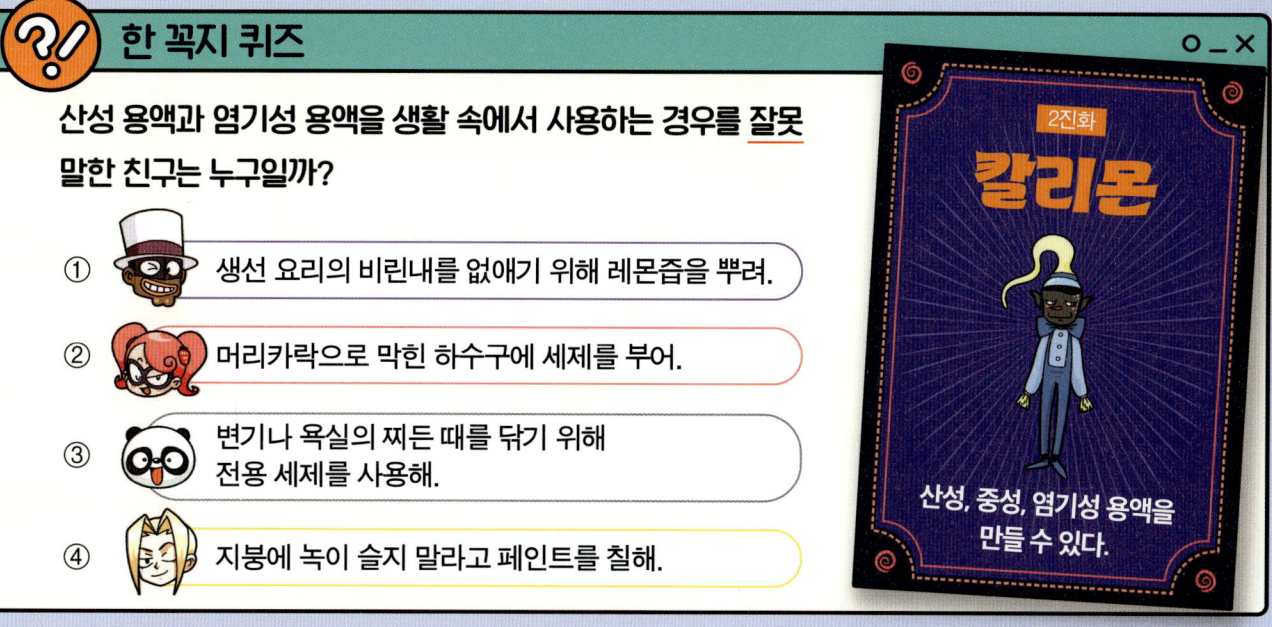

한 꼭지 퀴즈

산성 용액과 염기성 용액을 생활 속에서 사용하는 경우를 <u>잘못</u> 말한 친구는 누구일까?

① 생선 요리의 비린내를 없애기 위해 레몬즙을 뿌려.

② 머리카락으로 막힌 하수구에 세제를 부어.

③ 변기나 욕실의 찌든 때를 닦기 위해 전용 세제를 사용해.

④ 지붕에 녹이 슬지 말라고 페인트를 칠해.

산과 염기

1. 산성 용액과 염기성 용액

	산성 용액	염기성 용액
종류	 식초, 레몬즙, 탄산음료, 묽은 염산 등	 유리 세정제, 빨랫비누 물, 석회수, 묽은 수산화 나트륨 용액 등
특징	달걀 껍데기, 대리암, 금속 등을 녹여.	삶은 달걀 흰자나 두부, 머리카락 등을 녹여.
지시약 색 변화	푸른색 리트머스 종이가 붉게 변해. 붉은 양배추 지시약이 붉게 변해.	붉은색 리트머스 종이가 푸르게 변해. 붉은 양배추 지시약이 푸른색 혹은 노란색으로 변해.

2. 산성 용액과 염기성 용액 섞기

산성 용액에 염기성 용액을 넣으면 산성이 점점 약해지고, 염기성 용액에 산성 용액을 넣으면 염기성이 점점 약해져.

 →  →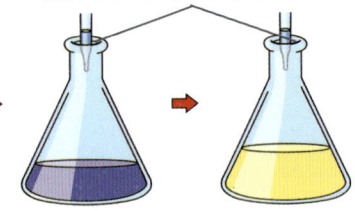

묽은 염산 (산성) → 묽은 염산 + 붉은 양배추 지시약 → 묽은 수산화 나트륨 용액 (염기성)

<산성 용액에 염기성 용액을 섞었을 때 붉은 양배추 지시약의 색 변화>

3. 생활 속 산과 염기 이용

속 쓰릴 때 제산제 먹기 / 산성화된 호수에 소석회 뿌리기 / 생선 구이에 레몬즙 뿌리기

바다가 탄산음료처럼 된다면?

콜라, 사이다 같은 탄산음료는 이산화 탄소가 녹아 있는 산성을 띠는 액체로 탄산 칼슘으로 이뤄진 달걀 껍데기를 녹일 수 있어. 그런데 최근 공기 중 이산화 탄소의 농도가 높아지면서 바다에 녹는 이산화 탄소의 양도 늘어나고 있어. 그 결과 바다도 점점 탄산음료처럼 산성화되고 있지.

바다가 산성화되면 바닷속 탄산 칼슘의 양이 줄어들어, 탄산 칼슘으로 껍데기를 만드는 플랑크톤, 조개류, 새우류 등의 생물은 껍데기를 만들지 못해 급격하게 수가 줄어들어. 몸이 탄산 칼슘으로 이뤄진 산호초 역시 점점 그 수가 줄어들게 되지.

공기 중 이산화 탄소의 증가는 지구 온난화와 기후변화에만 영향을 주는 게 아니라 이렇게 바다에도 영향을 줘. 따라서 이산화 탄소의 양이 더 이상 증가하지 않도록 화석 연료를 대신할 연료를 개발하고, 환경 오염을 줄이기 위해 꼭 노력해야 돼.

도전! 과학 영재반

1 용액 분류 방법에 대한 수업을 듣고 수업 내용을 잘못 이해한 친구가 있어. 누구일까?

답 :

① 색이 있는 것과 색이 없는 것으로 나눌 수 있어.

② 냄새가 나는 용액과 냄새가 나지 않는 용액으로 나눌 수 있지.

③ 맛있는 용액과 맛없는 용액으로 나눈다. 우엉~.

④ 투명한 용액과 투명하지 않은 용액으로 나누자.

2 식초에 대한 옳은 설명을 찾아 따라가면 식초의 성질을 알 수 있대. 마지막에 도착하는 곳에 ○해 보자.

답 :

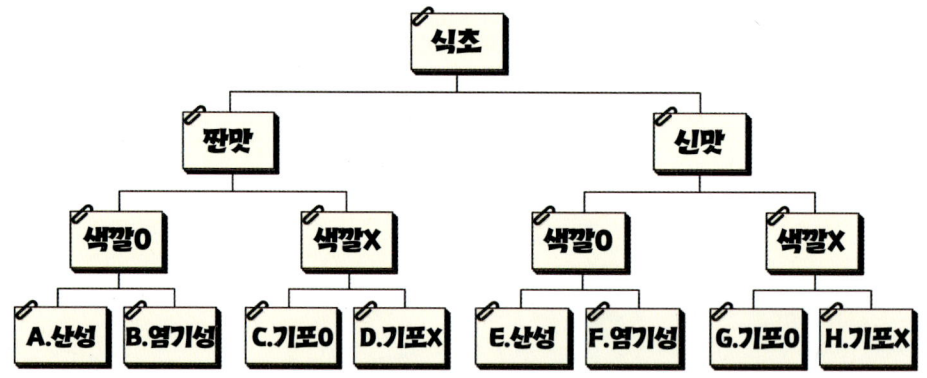

3 '탄산음료'와 '빨랫비누 물'은 붉은 양배추 지시약의 색을 어떤 색으로 변화시킬까? 해당되는 색에 용액의 이름을 적어 줘.

㉠ :

㉡ :

4 산성과 염기성 용액의 성질을 적은 카드야. 산성 용액의 성질을 나타내는 카드에는 '산', 염기성 용액의 성질을 나타내는 카드에는 '염'을 써 보자.

5 각각의 경우에 산성 용액과 염기성 용액을 어떻게 이용해야 할까? 보기에서 알맞은 말을 골라 빈칸을 채워 줘.

〈보기〉
소석회, 치약, 제빵 소다, 레몬즙, 산성, 염기성

㉠ :　　　　　㉡ :　　　　　㉢ :　　　　　㉣ :

칼리몬이 집에 두고 온 용액을 가져다 달라고 부탁을 했어.
칼리몬이 준 힌트로 현관과 유리 장의 비밀번호를 알아내 보자.

8. 연소와 소화

27 연소
그날 밤 불의 정체는?

물질이 타는 모습

초가 타면 주변이 밝아지고 따뜻해져. 초에 불을 붙여 물질이 탈 때 어떤 현상이 나타나는지 알아보자.

초가 타는 모습

실험실에서 사용하는 알코올램프도 불을 붙이면 불꽃이 생겨. 불꽃의 모양은 위아래로 길쭉하고, 색은 푸른색과 붉은색을 띠어. 시간이 지날수록 알코올의 양이 점점 줄어들지.

물질이 탈 때 나타나는 현상

초, 알코올과 같은 물질은 탈 때 공통적으로 빛과 열을 내. 이처럼 물질이 산소와 빠르게 반응하여 빛과 열을 내는 현상을 **연소**라고 하지. 우리는 물질이 연소할 때 나오는 빛으로 어두운 곳을 밝히고, 열로는 주변을 따뜻하게 하거나 요리를 할 수 있어.

한 꼭지 퀴즈

간식단이 발견한 초가 사실은 활활몬의 똥이었다니!
이처럼 물질이 탈 때 나타나는 현상을 이용한 것을 <u>두 가지</u> 골라 봐.

① 나무를 태워 방안을 따뜻하게 해.

② 초롱 안에 촛불을 켜서 주위를 밝혀.

③ 전등을 켜서 어두운 곳을 밝게 해.

④ 전기 주전자로 뜨거운 물을 끓여.

기본
활활몬

활활몬의 똥을 태우면
빛과 열이 나와 연료로
사용 가능하다.

28 연소의 조건
타지 않는 종이

발화점 이상의 온도

물질이 타려면 발화점 이상의 온도가 되어야 해. 어떤 물질이 불에 직접 닿지 않아도 타기 시작하는 온도를 **발화점**이라고 해. 발화점 이상의 온도를 만들 수 있다면 불을 붙이지 않고도 물질을 태울 수 있어.

발화점 이상으로 온도 높이는 방법

물이 없는 종이 그릇

물이 담긴 종이 그릇

물질이 탈 때 필요한 기체

장작 사이로 공기를 불어 넣으면 불이 잘 붙어. 그 이유는 물질이 타려면 공기 중의 산소가 필요하기 때문이야. 산소가 충분하면 초가 모두 없어질 때까지 연소하지만 산소가 부족하면 초가 남아 있더라도 촛불이 꺼져.

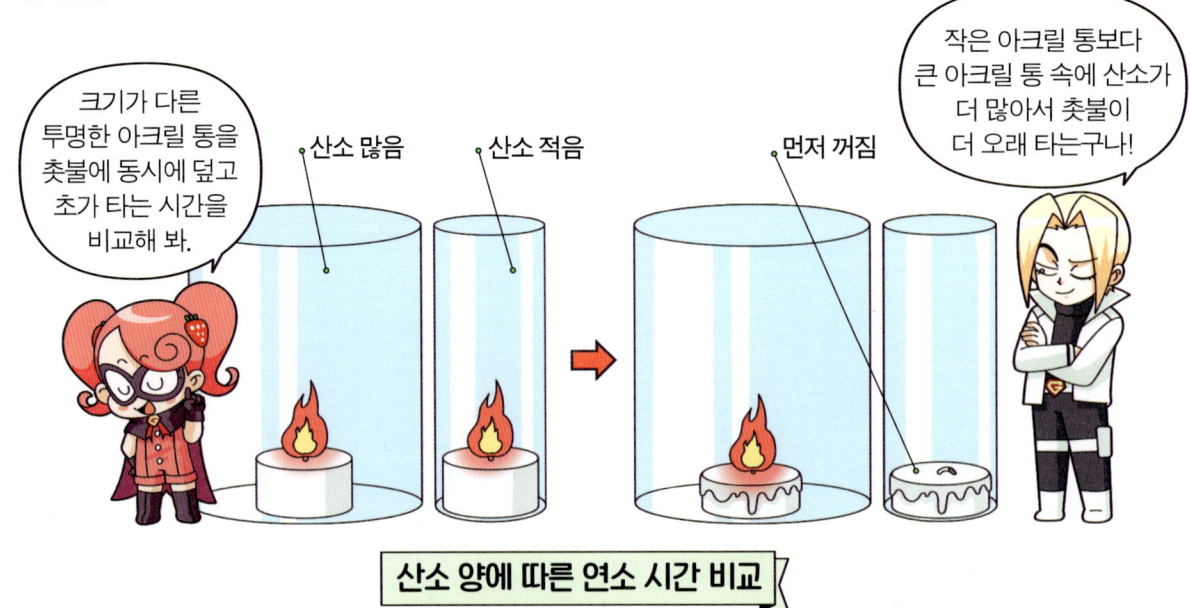

산소 양에 따른 연소 시간 비교

연소의 조건

물질이 연소하려면 **발화점 이상의 온도**와 **산소** 그리고 **탈 물질**까지 세 가지 조건이 모두 필요해. 이 중 하나라도 없다면 물질은 연소하지 않아.

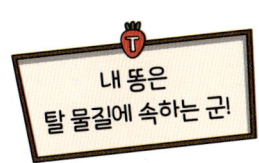

한 꼭지 퀴즈

종이 그릇에 라면을 끓일 수 있는 이유는 물이 끓는 동안 종이 그릇이 연소할 조건이 되지 않아서야. 어떤 조건이 부족해서 불이 붙지 않는 걸까?

① 탈 물질
② 산소
③ 발화점 이상의 온도

29 소화
바퀴벌레 잡으려다 초가삼간 다 태운다

소화의 조건

연소의 세 가지 조건인 탈 물질, 산소, 발화점 이상의 온도 중 한 가지만 없어도 불은 꺼져. 연소의 조건 중 한 가지 이상의 조건을 없애 불을 끄는 것을 **소화**라고 해.

가스 밸브를 잠그거나 초의 심지를 제거하는 방법은 탈 물질을 없애 불을 끄는 거야. 알코올램프의 뚜껑을 덮거나 소화제를 뿌리는 방법은 산소 공급을 막아 불을 끄는 방법이지. 물을 뿌리는 방법은 온도를 발화점 미만으로 낮춰 불을 끄는 방법이야.

촛불을 끄는 다양한 방법

촛불을 끄려면 어떻게 해야 할까? 초에 불을 대면 초의 몸통이 녹아. 녹은 촛농은 심지를 타고 올라가 심지 끝에서 기체로 변하지. 바로 이 기체가 타면서 초가 연소되는 거야. 따라서 이 기체를 없애면 촛불을 끌 수 있어. 이외에 산소를 차단하거나 온도를 낮추는 등 다양한 방법을 사용할 수 있어.

연소 물질에 따라 다른 소화 방법

불이 났을 때 소화 방법은 탈 물질에 따라 달라. 특히 기름이나 전기에 의해 화재가 났을 땐 절대로 물을 뿌리면 안 돼.

기름이나 알코올 화재는 물을 뿌리면 물을 따라 불이 더 크게 번져. 이때에는 산소가 차단되게 담요를 덮거나 소화기를 사용해야 해.

전기로 인한 화재는 물을 뿌리면 감전의 위험이 있으므로 차단기를 내리고 소화기로 불을 꺼야 해.

화재가 발생하면 즉시 119에 신고하고 대피해야 돼. 화재 규모가 작다면 소화기 등을 이용해 직접 불을 끌 수 있으므로 소화기 사용법을 알아 두자.

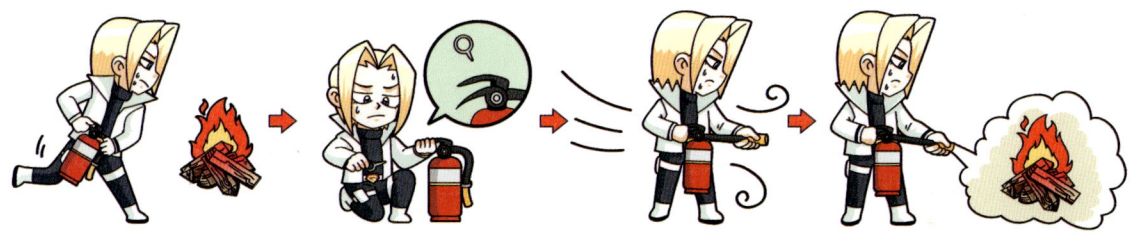

① 불이 난 곳으로 소화기를 옮겨.
② 손잡이의 안전핀을 뽑아.
③ 바람을 등지고 서.
④ 고무관을 불을 향해 잡고 분말을 골고루 뿌려.

한 꼭지 퀴즈

불을 끄는 방법과 원리에 대한 설명 중 옳은 것은 무엇일까?

① 모닥불을 끌 때 물을 부어 끄는 것은 탈 물질을 없애는 방법이야.

② 기름이 담긴 프라이팬에 불이 붙었을 때 젖은 담요를 덮어 끄는 것은 산소를 차단하는 방법이야.

③ 촛불을 끌 때 입으로 불어 끄는 것은 발화점 미만의 온도로 낮추는 거야.

2진화
활활몬

몸에 불이 절대 붙지 않는다.

30 연소 생성물
불타고 남은 자리에

연소 후 생기는 이산화 탄소

초에 불을 붙이면 시간이 지나면서 초의 길이가 짧아져. 이처럼 물질이 연소하면 연소하기 전과 다른 모습으로 바뀌어. 이는 물질이 연소하면 연소 전의 물질과는 다른 물질이 만들어지기 때문이야.

석회수의 변화 관찰하기

초가 연소한 집기병에 석회수를 넣어 관찰하면 석회수가 뿌옇게 변해. 석회수는 투명한 액체로 이산화 탄소와 만나면 뿌옇게 변하는 성질이 있지. 이를 통해 연소 후 이산화 탄소가 생긴다는 것을 알 수 있어.

연소 후 생기는 물

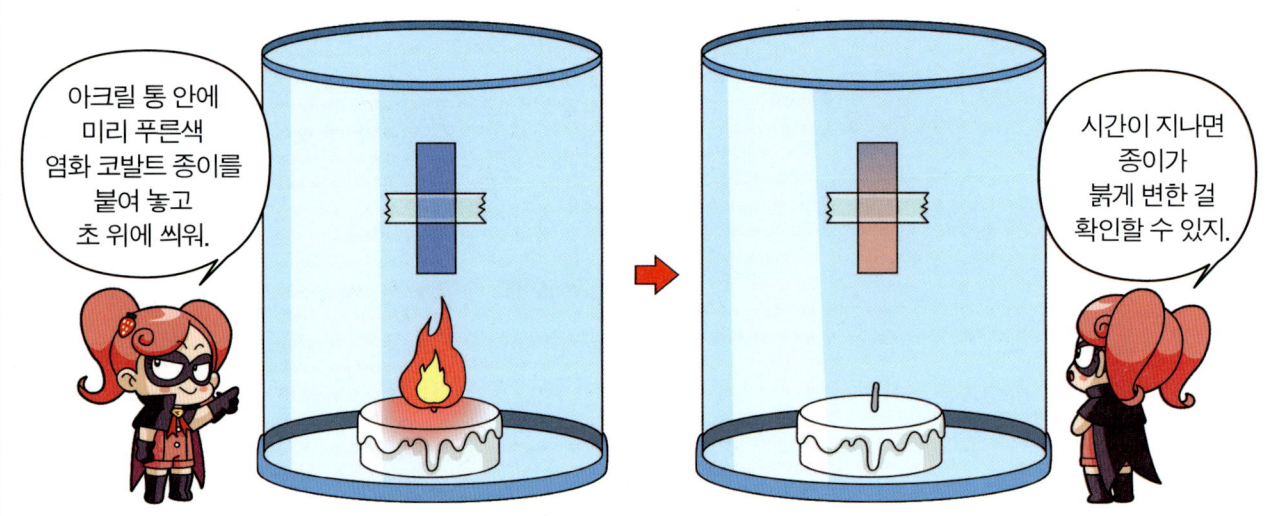

푸른색 염화 코발트 종이의 변화 관찰하기

초가 연소하면 푸른색 염화 코발트 종이가 붉은색으로 변해. 푸른색 염화 코발트 종이는 물이 닿으면 붉게 변하는 성질이 있지. 이를 통해 연소 후 생기는 물질이 물이라는 것을 확인할 수 있어.

타고 있는 초를 집기병으로 덮으면 안쪽 벽면이 뿌옇게 흐려져. 이는 초가 연소한 후 생긴 물이 시간이 지나 병 안쪽에 맺혔기 때문이야.

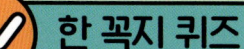

한 꼭지 퀴즈

초가 연소한 후에 생성되는 물질을 확인하는 방법을 옳게 말한 친구는 누구일까? 두 명을 골라 줘.

① 푸른색 염화 코발트 종이의 색이 붉게 변하는 것을 보니 물이 생겼어.

② 석회수에 통과시켰을 때 뿌옇던 석회수가 맑아지는 것을 보니 산소가 생겼어.

③ 석회수에 통과시켰을 때 뿌옇게 되는 것을 보니 이산화 탄소가 생겼어.

④ 푸른색 리트머스 종이가 붉게 변하는 것을 보니 물이 생겼어.

연소와 소화

1. 연소와 연소의 조건

- 물질이 산소와 빠르게 반응해 빛과 열을 내면서 타는 현상을 연소라고 해.
- 연소하려면 탈 물질, 산소, 발화점 이상의 온도가 필요해.

초, 성냥, 장작 등과 같이 탈 물질이 필요해.

산소가 더 많은 통 속의 초가 더 오래 타.

발화점 이상의 온도가 되면 불이 저절로 붙어.

2. 연소 후 생성되는 물질

물

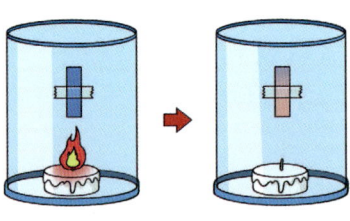

연소가 일어나는 통 속에 붙인 푸른색 염화 코발트 종이가 붉은색으로 변해.

이산화 탄소

연소할 때 생긴 기체를 모은 병에 석회수를 넣으면 석회수가 뿌옇게 돼.

3. 소화와 소화의 조건

- 연소의 조건 중 한 가지 이상을 없애 불을 끄는 것을 소화라고 해.

탈 물질 없애기

산소 공급 차단하기

발화점 아래로 온도 낮추기

범인은 바로 반려동물?

최근 고양이나 개 등의 반려동물로 인한 화재가 자주 발생하고 있어.
보호자가 없을 때 화재가 발생하면 반려동물이 크게 다칠 수도 있기 때문에 매우 위험해. 왜 이런 일이 일어나는 걸까?

만약 반려동물을 키운다면 반려동물을 두고 외출할 때 다음의 사항들을 잊지 말고 꼭 실천하길 바라.

도전! 과학 영재반

1 간식단이 연소에 대해 각자 알고 있는 것을 말하고 있어. 옳지 <u>않은</u> 이야기를 하는 친구는 누구일까? 답 :

①  물질이 연소할 때는 빛과 열이 발생해.

②  연소는 물질이 이산화 탄소와 만났을 때 발생해.

③  물질이 연소하려면 온도가 발화점 이상이어야 해.

④ 연소의 세 가지 조건을 모두 만족해야만 연소해.

2 다음과 같이 실험을 했더니 성냥의 머리 부분에 먼저 불이 붙었어. 이유가 뭘까? 답 :

〈실험 방법〉
1. 성냥의 머리 부분과 나무 부분을 철판 중심에서 같은 거리에 올려놓아.
2. 알코올램프에 불을 붙이고 성냥의 어느 쪽에 불이 붙는지 관찰해.

① 성냥의 머리 부분에만 열이 전달되었기 때문이야.
② 나무는 타지 않는 물질이기 때문이야.
③ 성냥의 머리 부분은 철판에 잘 붙는 성질이 있기 때문이야.
④ 성냥의 머리 부분이 나무 부분보다 먼저 발화점에 도달하기 때문이야.

3 초가 연소한 후 생성되는 물질을 〈보기〉에서 찾아 써 보자. ㉠ :   ㉡ :

〈보기〉
물, 산소, 이산화 탄소, 질소, 알코올

- 푸른색 염화 코발트 종이를 댔더니 붉은색으로 변했어. (㉠)
- 집기병에 석회수를 붓고 흔들었더니 뿌옇게 변했어. (㉡)

4 소화 방법 중 탈 물질을 없애는 방법은 '탈', 산소 공급을 막는 방법은 '산', 온도를 발화점 미만으로 낮추는 방법에는 '발'자를 써서 분류해 보자.

소화기 분말 뿌리기 ㉠ _____

연료 조절 밸브 잠그기 ㉡ _____

알코올램프 뚜껑 닫기 ㉢ _____

소화전 이용해 물 뿌리기 ㉣ _____

불어서 촛불 끄기 ㉤ _____

핀셋으로 초의 심지 잡기 ㉥ _____

5 한 콘센트에 너무 많은 전기 제품을 연결해 사용하다가 화재가 발생했어. 대처 방법으로 옳지 <u>않은</u> 이야기를 한 친구는 누구일까?

답 : _____

① 쿠앤크   ② 바닐라   ③ 스트로베리   ④ 초코

펀펀 게임

산장에 불이 나서 바닐라가 가져온 배낭이 타 버렸어!
이들 중 세 명은 거짓말을 하고 한 명만 진실을 말하고 있어.
불을 낸 범인은 누구일까?
(단, 불을 낸 사람이 불을 끄지 않았어.)

활활몬이 똥 싸다가 불을 냈어.

스트로베리가 쿠앤크 주려고 라면 끓이다가 불을 냈어.

난 종일 오빠들 나오는 라이브 방송 봤어. 난 아니야.

난 다이어트 중이야. 불 근처엔 가지도 않았다고.

정답 및 해설

정답 및 해설

 **물질의 성질**

한 꼭지 퀴즈

19쪽 ③
마테리몬의 몸은 나무로 되어 있어서 무늬가 있고 향이 나.

23쪽 ④
따뜻하고 땀을 잘 흡수하는 것은 섬유나 털의 특징이야.

27쪽 ②, ③
마테리몬이 뱉은 탱탱 구슬은 알긴산 나트륨과 젖산 칼슘을 물과 함께 섞어서 만들어.

도전! 과학 영재반   30쪽

1. 답: 쿠앤크 | 고친 내용: 필통은 물체고, 필통 안의 연필과 지우개도 물체야.

2. 금속: ㉢ 클립, ㉣ 캔, ㉥ 못, ㉧ 철 수세미
   나무: ㉡ 이쑤시개, ㉤ 나무젓가락, ㉦ 그릇
   유리: ㉠ 어항, ㉥ 컵, ㉨ 접시

3. ④
잘 구부러지는 특징을 가진 것은 고무야.

4. ③
잘 깨지지 않으면서 투명한 물질은 플라스틱이야.

5. ③
알긴산 나트륨과 젖산 칼슘을 섞으면 두 물질의 성질이 변하면서 새로운 물질이 생겨.

펀펀 게임   32쪽

D1ㅊ

분류 코드의 첫 번째 영어는 물질의 종류를 뜻해. A는 나무, B는 고무, C는 금속, D는 플라스틱이야. 그리고 알파벳의 대문자와 소문자로 물체의 크기를 분류했어. 두 번째 숫자는 물체의 모양을 뜻하지. 1은 동그란 모양, 2는 네모난 모양이야. 세 번째 기호는 물체의 색깔을 나타내. 기호로 해당 색깔의 초성을 적었어. 흰색은 ㅎ, 파란색은 ㅍ, 금색은 ㄱ, 노란색은 ㄴ, 빨간색은 ㅃ, 주황색은 ㅈ, 은색은 ㅇ이야.

2 물질의 상태

한 꼭지 퀴즈

37쪽 ①
몬스터는 주르륵 흐르는 액체 상태로 변했어. 액체는 담긴 용기에 따라 모양이 변하지만 부피는 변하지 않는 성질이 있어.

41쪽 ③
방 안에서 가장 큰 부피를 가진 물질은 방 안을 가득 채우고 있는 공기이고, 기체 상태야.

45쪽 기체

49쪽 ①
돌은 고체이므로 신비의 돌 색깔이 붉은색으로 돼.

도전! 과학 영재반 52쪽

1. ②
담는 그릇에 따라 모양은 변하지만, 부피는 변하지 않는 상태는 액체야. 그러므로 정답은 음료수야.

2. ②
플라스틱 컵 속 공기가 물을 밀어내기 때문에 압축 물휴지는 젖지 않아. 대신 플라스틱 컵 속 공기의 부피만큼 수조의 물 높이가 올라가.

3. ①
공기를 이동시키는 방법으로는 부채질을 하거나 입으로 불기, 주사기를 이용하는 방법 등이 있어.

4. 스트로베리, 쿠앤크, 바닐라, 초코

5. ①-ㄴ, ②-ㄱ, ③-ㄷ

펀펀 게임 54쪽

④

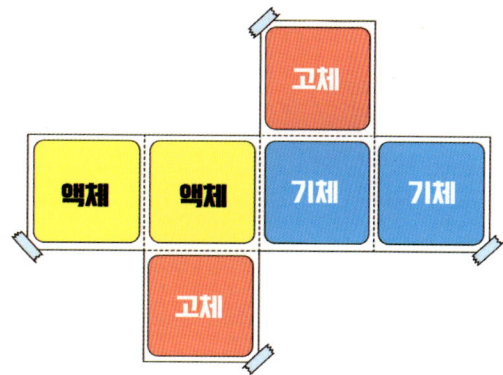

이 전개도로 만들었을 때 ④번과 같은 상자는 나올 수 없어. 파란색과 노란색은 서로 옆면에 위치해야 돼.

정답 및 해설

3 물의 상태 변화

한 꼭지 퀴즈

59쪽 ③
물이 얼음으로 될 때 무게 변화는 없어.

63쪽 ③
찌개를 끓여서 국물이 졸아드는 현상은 증발이 아닌 끓음 현상이야.

67쪽 ③
안개는 수증기가 응결한 물 입자야. 이와 반대로 끓음 현상이 일어나면 물이 수증기로 변하게 돼.

71쪽 ④
얼음과자, 인공 눈, 얼음 조각을 붙일 때는 물이 얼음으로 변하지만, 만두를 찔 때는 물이 수증기로 변해.

도전! 과학 영재반 74쪽

1. ③
추운 겨울날 장독대의 독과 음료수 병이 깨진 이유는 안에 든 물이 얼면서 부피가 늘어났기 때문이야.

2. ④
빨래가 마르는 현상은 증발이야. 아침 산책길에서 볼 수 있는 이슬은 수증기가 응결해서 생긴 현상이야.

3. ④
물이 끓을 때 생기는 기포 안에는 수증기가 들어 있어.

4. ③
음료수 표면에 닿은 수증기가 응결하여 물방울이 생기고, 이 물방울의 무게만큼 무게가 증가해.

5. ③
수증기가 차가운 컵을 만나 표면에 물방울로 맺히는 현상은 응결이야.

펀펀 게임 76쪽

수증기

첫 번째 물방울에서 '하나'라는 글자를 지우면 'ㅅ'이 남아. 이런 방법으로 나머지 물방울에서도 '둘', '셋', '넷', '다섯', '여섯', '일곱'을 지우면 글자가 하나씩 남지. 이 남은 일곱 개의 글자를 모두 합하면 '수증기'라는 글자가 나와.

4 혼합물의 분리

한 꼭지 퀴즈

81쪽 ①, ④
보기 중 혼합물은 소금과 물이 섞인 바닷물, 설탕과 다른 물질이 섞인 사탕수수야.

85쪽 ③
소금과 설탕은 알갱이 크기가 비슷해서 체로 분리할 수 없어.

89쪽 ④
금속을 끌어당기는 코잉몬의 능력으로 금속이 아닌 플라스틱 구슬과 금속인 철 구슬의 혼합물을 분리할 수 있어.

93쪽 ③
간식단이 거름과 증발의 방법으로 소금을 분리한 것과 같은 원리로 사탕수수 즙에서 설탕 원료를 분리해.

도전! 과학 영재반   96쪽

1. ③
흙탕물, 바닷물, 화단 흙은 혼합물이지만 금반지는 혼합물이 아닌 순물질이야.

2. 크기, 1370
그림 속 동전 분리 저금통은 동전의 크기에 따라 동전을 분리해. 장치 속에는 500원 동전 2개, 100원 동전 3개, 50원 동전 1개, 10원 동전 2개가 있어 총 1370원이 들어 있어.

3. ②
쿠앤크는 눈 크기가 너무 큰 체를 사용해서 혼합물이 모두 체를 통과해 버린 거야.

4. ㉢
고춧가루와 철 가루 혼합물은 고춧가루가 자석에 붙지 않고 철 가루만 자석에 붙는 성질을 이용하여 분리해.

5.
(1) ㉡ 소금

(2) ㉣ 소금물

(3) ㉢ 후추

(4) ㉡ 소금

펀펀 게임   98쪽

바닐라

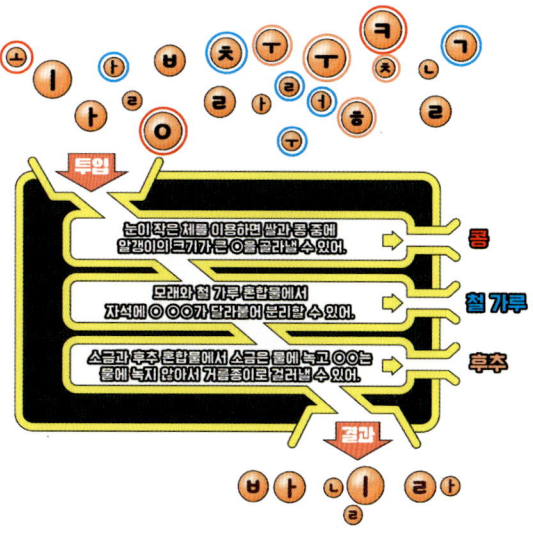

콩, 철 가루, 후추를 제외한 남는 공으로 글자를 만들면 바닐라가 나와.

정답 및 해설

5 용해와 용액

한 꼭지 퀴즈

103쪽 20 g
그릇의 무게는 200 g, 물의 무게는 300 g인데 총 무게는 520 g이므로 소금의 양은 20 g이야.

107쪽 ②
분말주스는 물의 온도가 높아지면 더 많이 용해돼.

111쪽 ④
물의 양이 늘거나 줄어도 설탕, 소금, 소다 중 설탕이 가장 많이 녹고, 다음으로 소금, 소다의 순서로 많이 녹아.

115쪽 ③
용액의 진하기를 비교하기 위해 용액에 달걀, 메추리알, 방울토마토를 넣어 뜨는 정도를 확인해.

도전! 과학 영재반 118쪽

1. ㉠ 용질, ㉡ 용매, ㉢ 용액

2. ②
설탕이 녹은 물은 물만 담겨 있는 컵보다 무게가 더 많이 나가.

3. ㉠ 소금 | ㉡ 소다 | ㉢ 설탕
두 숟가락과 열 숟가락 넣었을 때 모두 녹은 ㉢은 물에 가장 잘 녹는 설탕이야. 그리고 두 경우 모두 가라앉은 가루가 있는 ㉡은 물에 가장 잘 녹지 않는 소다지.

4. ②
코코아 가루를 다 녹이려면 물의 온도를 높이면 돼.

5. ①-㉠, ②-㉢, ③-㉡
셋이 가진 물의 양이 모두 다르므로 물의 양을 100 ml로 맞춰 녹은 소금의 양을 계산해 보면 쿠앤크는 10 g, 스트로베리는 2 g, 바닐라는 7 g을 넣었어. 그러므로 소금물이 가장 진한 순서대로 나열하면 쿠앤크, 바닐라, 스트로베리야. 따라서 쿠앤크의 방울토마토가 가장 많이 떠오르고 스트로베리의 방울토마토가 가장 많이 가라앉아.

펀펀 게임 120쪽

물

소금물에서 용매는?

슈가몬의 하루 일과에서 시간 속 숫자에 해당하는 글자를 하나씩 찾아. 예를 들어 9시에서는 9번째 글자를 찾고, 12시에서는 12번째 글자를 찾는 거야. 이렇게 찾은 모든 글자를 합치면 '소금물에서 용매는?'이라는 문장이 나와.

6 여러 가지 기체

한 꼭지 퀴즈

125쪽 ②
산소에 의해 금속이 녹슬어 부식되는 현상은 산소가 이롭게 이용되는 경우가 아니야.

129쪽 ②
이산화 탄소는 색과 냄새가 없는 기체야.

133쪽 ④
빵집 근처에서 빵 냄새가 진하게 나는 것은 압력에 따른 기체의 부피 변화와는 관련이 없어.

137쪽 ①
산 위에서 분 풍선이 산 아래에서 부피가 줄어드는 현상은 압력에 따른 기체의 부피 변화 현상이야.

도전! 과학 영재반   140쪽

1. ㉠ 산소, ㉡ 이산화 탄소

2. ②
이산화 탄소는 석회수와 반응하여 뿌옇게 흐려지는 성질이 있어. 그러므로 석회수를 부으면 이산화 탄소가 들어 있는 병을 찾을 수 있지.

3. ④
과자 봉지에 들어가는 기체는 이산화 탄소가 아니라 질소야.

4.
(1) 산소의 성질: ㉡, ㉣, ㉤, ㉥

(2) 이산화 탄소의 성질: ㉠, ㉢

5. ㉠ 부풀어 올랐다. ㉡ 낮아 ㉢ 찌그러졌다. ㉣ 낮아

펀펀 게임   142쪽

④

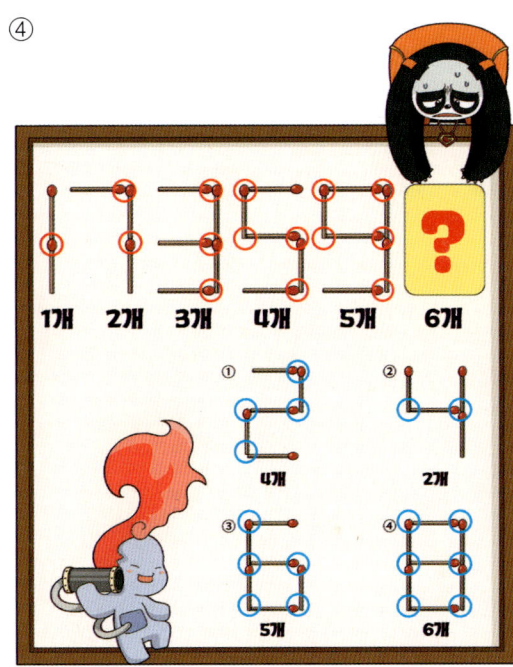

성냥개비 두 개가 맞닿는 곳의 개수가 6개인 것은 ④번이야.

정답 및 해설

한 꼭지 퀴즈

147쪽 ①
레몬즙은 산성 용액이야. 나머지 하수구 세정제, 빨랫비누 물, 제빵 소다 녹인 물은 염기성 용액이야.

151쪽 ④
산성 용액과 염기성 용액은 서로 섞여. 그리고 두 용액이 섞이면서 서로의 성질을 변하게 해.

155쪽 ④
지붕에 페인트를 칠하는 경우는 금속이 녹슬지 않도록 산소가 닿지 않게 하기 위한 거야.

도전! 과학 영재반   158쪽

1. ③
용액을 분류하는 기준은 객관적이며 정확해야 돼. 따라서 사람마다 다르게 생각할 수 있는 맛으로 용액을 분류하는 것은 옳지 않아.

2. E. 산성

3. ㉠ 탄산음료 ㉡ 빨랫비누 물
탄산음료는 산성이므로 붉은 양배추 지시약의 색을 붉게 변화시켜. 빨랫비누 물은 염기성이므로 붉은 양배추 지시약의 색을 푸르게 변화시키지.

4. ㉠ 산 ㉡ 염 ㉢ 산 ㉣ 염 ㉤ 산 ㉥ 염

5. ㉠: 치약, ㉡: 염기성, ㉢: 산성, ㉣: 레몬즙

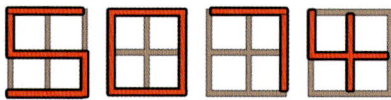

현관 비밀번호: 5074
유리 장 비밀번호: 3461

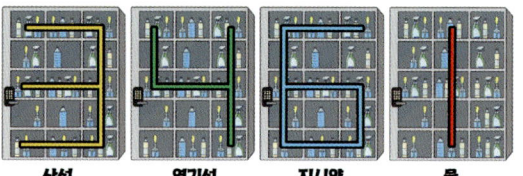

한 꼭지 퀴즈

165쪽 ①, ②
전등을 켜서 주변을 밝게 하고, 전기 주전자로 뜨거운 물을 끓이는 것은 전기를 이용한 현상이야.

169쪽 ③
물이 담긴 종이 그릇에 불을 대면 열이 물을 끓이는데 사용되어 종이 그릇의 온도가 발화점 이상으로 올라가지 않아.

173쪽 ②
모닥불에 물을 부어 불을 끄는 것은 발화점 미만으로 온도를 낮추는 방법이야. 촛불을 입으로 불어 끄는 것은 탈 물질을 제거하는 방법이야.

177쪽 ①, ③
연소 후 생성되는 물질은 물과 이산화 탄소야. 물은 푸른색 염화 코발트 종이가 붉게 변하는 것으로 확인할 수 있고, 이산화 탄소는 석회수와 반응시켜 석회수가 뿌옇게 변하는 것으로 확인할 수 있어.

도전! 과학 영재반   180쪽

1. ②
연소는 물질이 산소와 빠르게 반응하여 빛과 열을 내는 현상이야.

2. ④
발화점은 물질의 종류에 따라 달라. 성냥의 머리 부분은 황 등의 물질로 되어 있는데, 나무보다 발화점이 낮아서 불이 먼저 붙어.

3. ㉠ 물 ㉡ 이산화 탄소

물은 푸른색 염화 코발트 종이를 붉게 변화시켜. 이산화 탄소는 석회수를 뿌옇게 변화시켜.

4. ㉠ 산 ㉡ 탈 ㉢ 산 ㉣ 발 ㉤ 탈 ㉥ 탈

5. ②
전기로 인한 화재에 물을 뿌리면 감전될 위험이 있으므로 옳지 않은 방법이야.

펀펀 게임   182쪽

쿠앤크

초코가 범인이라면, 초코와 활활몬의 말은 거짓이고 스트로베리와 쿠앤크 말은 참이 돼. 두 명이 거짓말을 하고 있으므로 초코는 범인이 아니야.
스트로베리가 범인이라면, 초코와 스트로베리의 말은 거짓이고 활활몬과 쿠앤크의 말은 참이야. 두 명이 거짓말을 하고 있으므로 스트로베리는 범인이 아니야.
활활몬이 범인이라면, 활활몬의 말은 거짓이고 초코, 스트로베리, 쿠앤크의 말은 참이 돼. 한 명이 거짓말을 하고 있으므로 활활몬은 범인이 아니야.
쿠앤크가 범인이라면, 초코와 활활몬과 쿠앤크의 말은 거짓이고 스트로베리의 말은 참이 돼. 세 명이 거짓말을 하고 있으므로 결국 범인은 쿠앤크가 맞아!

찾아보기

ㄱ자 유리관	124, 128	분류	47~49
가죽	17, 19	불꽃	163
가지 달린 삼각 플라스크	124, 128	붉은 양배추 지시약	147
간장	92, 107	붉은색 리트머스 종이	146
거름 장치	91	사탕수수	80, 93
거름종이	91	산성	146~147
결정	107	산성 용액	149~151, 153
고무	18	산소	123~125, 168~169
고체	35, 47~49	산소 발생 장치	124
고춧가루	88	삼발이	92
과산화 수소수	124	생선 비린내	153
구강 청정제	113	석회수	128, 175
구연산	153	설탕	26, 93, 102
금속	17~18	섬유	17, 19
기체	37, 39~41, 47~49	성냥	167
기체의 압력과 부피	131~132	세정제	154
기체의 온도와 부피	135~136	소금	91~92, 101, 107
깔때기	91, 124, 128	소다	26
깔때기대	91	소화	171~173
끓음	61, 63	소화기	127, 173
나무	17, 19	손 소독제	113
네온	129	수소	45, 129
돋보기	167	수증기	57, 61~63
된장	92	순물질	79
드라이아이스	127	스탠드	124, 128
때	154	스포츠 음료	113
레몬즙	26, 153	식초	128, 153
링	124, 128	심지	172
목화 열매	80	아라미드 섬유	29
물	57~63	안개	65
물때	153	알긴산 나트륨	27
물의 상태 변화	58~59, 69~71	알루미늄 캔	88
물질	17~19	알코올	164
물체	17	알코올램프	92, 164
묽은 수산화 나트륨 용액	149~150	액체	36, 47~49
묽은 염산	149~150	얼음	57~58
발화점	167	연소	164
볍씨	88	연소의 조건	167~169
부동액	113	염기성	146~147
부싯돌	167	염기성 용액	149~151

용매	102, 110	플라스틱	19
용액	102, 113	피지	153
용액의 진하기	114~115	핀치 집게	124, 128
용질	102, 109	향불	125, 128
용해	102, 105, 109~110	헬륨 기체	45, 129
우유	26	혼합물	79~81
위산	154	화장수	153
유리	17~18	화장품	113
응결	65~67	황설탕	101
이산화 망가니즈	124	후추	91
이산화 탄소	127~129		
이슬	65		
자가 치유 물질	29		
자동 팽창식 구명조끼	127		
자석	87~89		
젖산 칼슘	27		
제산제	154		
종이	17~18		
중성	146~147		
증발	61~62		
증발 장치	92		
증발 접시	92		
지시약	146~147		
질소	129		
집기병	125, 128		
철 가루	87~89		
체	84		
초	163		
촛농	163		
충치	154		
치약	154		
치즈	26		
탄산 칼슘	157		
탄산수소 나트륨	128		
탄산음료	127		
탈 물질	169, 171		
페놀프탈레인 용액	146		
푸른색 리트머스 종이	146		
푸른색 염화 코발트 종이	176		
플라스마	51		

어린이에게 재미와 지식을 듬뿍~

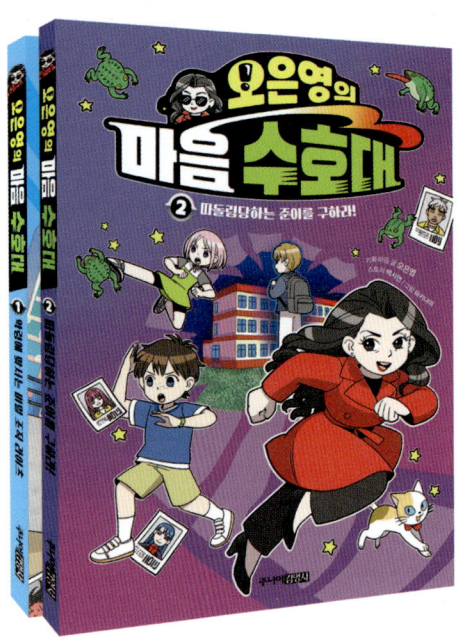

오은영의 마음 수호대
❶ 악령에 맞서는 비밀 조직 라이츠
❷ 따돌림당하는 준이를 구하라!

대한민국 최고의 육아 멘토 오은영과
함께하는 어린이 고민 해결 대모험!

★ 어린이들이 자주 겪는 고민을 마음 샘과 함께 풀어 가요.
★ 우리 안에 있는 여러 마음을 무슨 마음인지 찬찬히 살펴봐요.
★ 마음을 알아차리고 성장시키는 법을 배워요.
★ 곤란한 상황에서 어떻게 말하면 좋을지 조언을 얻어요.

카트라이더 세계 대모험
❶ 미국 ❷ 영국 ❸ 프랑스

전국지리교사모임과 함께 제대로 배우는
세계 역사·지리·문화!

★ 역사·지리 교과서의 중요한 내용을 모두 담았어요.
★ 각 나라의 유명 관광지와 명소를 체험할 수 있어요.
★ 풍부한 사진 자료로 현지 모습을 생생히 느낄 수 있어요.
★ 흥미진진한 이야기로 재미있게 공부할 수 있어요.

주니어김영사 학습만화 시리즈

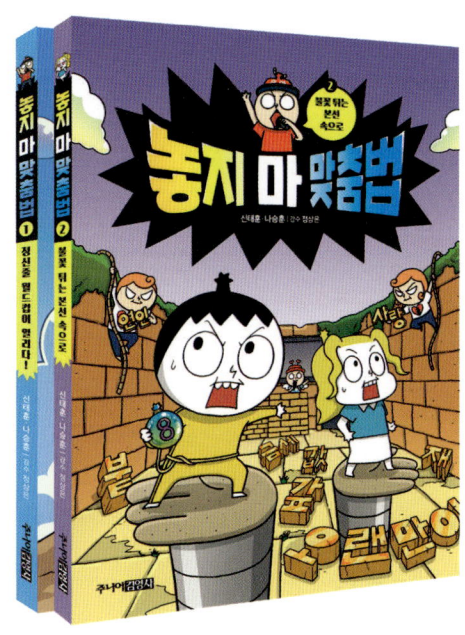

놓지 마 맞춤법
❶ 정신줄 월드컵이 열리다!
❷ 불꽃 튀는 본선 속으로

맞춤법을 정복하는 자,
세계를 지배한다!

★ 초등 교과서에 나오는 중요 맞춤법 어휘를 모두 수록했어요.
★ 흥미진진한 스토리를 통해 재밌게 맞춤법을 익힐 수 있어요.
★ 국어 전문가가 감수하여 더욱 믿을 수 있어요.
★ 원리와 사례를 익히며 맞춤법을 체계적으로 배울 수 있어요.

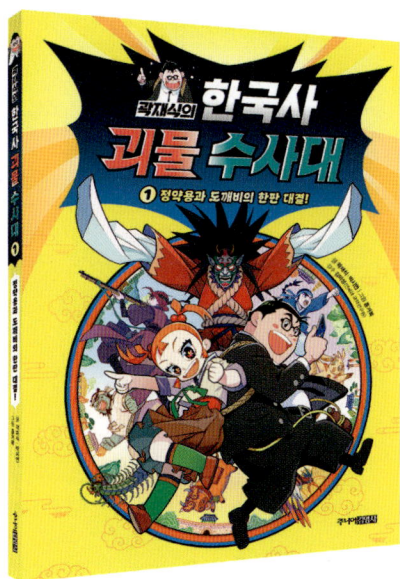

곽재식의 한국사 괴물 수사대
❶ 정약용과 도깨비의 한판 대결!

한국 고전 속 괴물을 쫓으며
생생히 배우는 조선 시대의 사회·문화

★ 한국사 교과서의 중요한 사회사·문화사 내용을 듬뿍 담았어요.
★ 《조선왕조실록》,《삼국유사》 등 고전의 지혜를 얻을 수 있어요.
★ 고전을 기반으로 만든 탄탄한 스토리로 누구에게나 재미있어요.
★ 시대를 충실히 구현한 작화로 책 읽는 즐거움을 극대화했어요.

사진: 셔터스톡

1판 1쇄 발행 | 2024. 3. 25.
1판 2쇄 발행 | 2024. 10. 25.

글 서지은 | **그림** 임혜영 | **감수** 박은서

발행처 김영사 | **발행인** 박강휘
편집 송은경 이현진 장예진 | **표지디자인** 조수현 | **본문디자인** 임혜영 | **마케팅** 곽희은 | **홍보** 조은우
등록번호 제 406-2003-036호 | **등록일자** 1979.5.17.
주소 경기도 파주시 문발로 197(우10881)
전화 마케팅부 031-955-3100 | 편집부 031-955-3229 | 팩스 031-955-3111

값은 표지에 있습니다.
ISBN 978-89-349-2069-4 74400
ISBN 978-89-349-3840-8 (세트)

좋은 독자가 좋은 책을 만듭니다. 김영사는 독자 여러분의 의견에 항상 귀 기울이고 있습니다.
전자우편 book@gimmyoung.com | 홈페이지 www.gimmyoung.com

학습을 하고 나면 2~3쪽의 **학습 진도표**에 몬스터 스티커를 붙여 봐!